· 美育终身研习系列 ·

# 美在非遗
## 育见未来

—— 非遗特色美育
教学设计如何做

主编　胡泊　黄丽丽

副主编　刘晨曦　陈晨　陈丹艺　赖登峰

**清華大学**出版社
北 京

# 内 容 简 介

本书聚焦非遗特色美育教学，立足福建丰富多样的非遗资源，全面且系统地呈现了各地区代表性非遗项目融入美育教学的实践过程。书中详细阐述了非遗元素与美术、音乐、舞蹈等多学科融合的具体策略与方法，通过巧妙的教学设计与实践引导，为非遗美育教学开拓了全新的视野与维度。案例特邀非遗传承人深度参与并指导教学设计，融合现代数字化教学手段，引导学生通过五感联动感知非遗之美，提升文化理解力与创意实践力。同时，助力非遗保护从静态保存转向动态传承，为教育工作者提供可复制、可推广的非遗美育教学范式，并在书中以二维码的形式提供丰富的音视频教学资源，帮助教师高效开展非遗美育教学实践。适读对象：各级各类美育教师、艺术与师范学生、家长及广大传统文化爱好者。

**图书在版编目（CIP）数据**

美在非遗　育见未来：非遗特色美育教学设计如何做/胡泊，黄丽丽主编.

北京：清华大学出版社，2025.7. --（美育终身研习系列）.

ISBN 978-7-302-70030-2

Ⅰ．G633.950.2

中国国家版本馆CIP数据核字第20258PU527号

责任编辑：孙墨青
封面设计：夏辉璘
责任校对：王荣静
责任印制：杨　艳

出版发行：清华大学出版社
　　　　　网　　　址：https://www.tup.com.cn，https://www.wqxuetang.com
　　　　　地　　　址：北京清华大学学研大厦A座　　　邮　　编：100084
　　　　　社 总 机：010-83470000　　　　　　　邮　　购：010-62786544
　　　　　投稿与读者服务：010-62776969，c-service@tup.tsinghua.edu.cn
　　　　　质量反馈：010-62772015，zhiliang@tup.tsinghua.edu.cn
印 装 者：小森印刷（北京）有限公司
经　　　销：全国新华书店
开　　本：185mm×260mm　　印　　张：13　　字　　数：241千字
版　　次：2025年8月第1版　　　　　　印　　次：2025年8月第1次印刷
定　　价：89.80元

产品编号：105838-01

本书系国家社会科学基金"十四五"规划

2022 年度教育学一般课题"'具身化'美学视域下的美育研究"

（项目编号：BLA220229）的研究成果

# 本书编委会

主　　编：胡　泊　黄丽丽

副主编：刘晨曦　陈　晨　陈丹艺　赖登峰

编　　委：王馨笛　丁琳珂　吴芷歆　詹钰彤

# "美育终身研习系列"<sup>①</sup> 卷首语

　　提到美育，人们习以为常地以为专属于少儿，一旦成人，对于美则不必认真，也无暇认真。其实不然，美育并不是少数人的需要和专利，而是向更广义、更广泛的终身学习者敞开，以人传人，相互照亮。

　　百余年来，美育是清华教育思想和实践的重要一脉。梁启超先生在题为"美术与生活"（1922）的演讲中谈道："人类固然不能个个都做供给美术的'美术家'，然而不可不个个都做享用美术的'美术人'。"<sup>②</sup>此外，王国维、梅贻琦、邓以蛰、张彭春、洪深、朱自清、闻一多、梁思成、林徽因、黄自、陈梦家、曹禺、蒋南翔、张肖虎、刘曾复、王逊、吴冠中等前辈，在中国近现代美育的历程中留下了印迹，时至今日，他们的美育观点还常被引用和讨论。而身处新技术变革、新时代发展之中的我们，又对美育有何新解？对今日的教育问题作何回答？

　　基于以上认识，我们认为组编"美育终身研习系列"丛书会是一件有益的可为之事。其主旨既包含对少儿美育的观照，也致力于促进学校美育、家庭美育与社会美育的协同与融合，向最广义的教育界推介新理念、新方法，提出新问题、新思路。

　　此系列以《美育教师手册》为起点，将陆续推出兼具专业水准和教学适用性的各类美育著作及相关教学资源。面向学术研究者与院校教师作者，我们长期征集以下方向的选题——"美育理论与美育史""美育与艺术心理学""美育课程与教学论""美育评价体系与应用""美育研究方法与写作"，等等。面向更广泛的作者群，我们长期征集以下专题——"学校美育""家庭美育""博物馆美育""非遗美育""乡村美育""设计美育""音乐美育""自然美育"，等等。欢迎有相关教研积

---

① 本系列丛书由清华青岛艺术与科学创新研究院美育实验中心倡议、组编，李睦教授任本丛书学术顾问，孙墨青任本丛书学术主持及策划编辑。

② 梁启超.美术与生活[M]//中国现代美学名家文丛：梁启超卷.北京：商务印书馆，2017:231.

淀与写作计划的作者与我们联系（sunmq@tup.tsinghua.edu.cn），也欢迎读者指出不足、交流心得，逐渐形成美育终身研习的共同体。

　　我们希望每一本书在探讨教育理念、艺术与审美标准的同时，都能紧密关注和回应美育"正在进行时"所面临的共性问题。我们格外珍视关切这些问题的种种思考、行动和书写，因为美育并非一种抽象而遥远的美学理想，它和人本身一样具体，也一样贴近生活且有温度。

**清华青岛艺术与科学创新研究院美育实验中心**

# 美育，让非遗焕发"活"力

## 一、非遗——"活"的文化力量

根据联合国教科文组织《保护非物质文化遗产公约》的定义，非物质文化遗产（非遗）是指各群体、团体，乃至个人视其为文化遗产的各种实践、表演、表现形式、知识体系和技能，以及相关的工具、实物、工艺品和文化场所。非遗包括传统口头文学及其载体语言、传统美术、音乐、舞蹈、戏剧、曲艺和杂技，传统技艺、医药和历法，传统礼仪、节庆等民俗，传统体育和游艺，以及其他非物质文化遗产。非遗并非静态的历史遗物，而是与特定民族的生活生产方式紧密相连，体现了该民族的文化个性、生活习惯和审美追求，是民族精神和历史经验在当代社会中的"活"的显现。非遗作为一种活态遗产，重点在于其可传承性，尤其是技能、技术和知识的传递，突出了人的参与、创造力及其主体地位，并在与自然、现实、历史的互动中，不断生发、演变和创新。这也注定它处在永不停息的运变之中，[①] 通过代代相传的技艺、节庆仪式、表演艺术等被再现、创新和活化。每一次的实践和演绎，都是非遗的"再生"。

具体到福建这一"非遗大省"，其地方非遗"活"的特性尤为突出。福建地处我国东南沿海，背山而生，面海而兴，是中华民族多元一体格局形成和发展的东南代表和典范。得天独厚的地理环境孕育了深厚的八闽文化，形成了刚柔并济、包容并蓄的文化特质。福建非遗深深植根于八闽文化的肥沃土壤，承载着闽人千年的智慧结晶，映射出海山交融、农渔并兴的独特生活方式。福建非遗源自生活，与闽人的日常劳作、生态环境紧密相连，是闽山闽水、节令风俗、家族传承共同镌刻的文化印记。福建非遗兴于灵"活"，在与时代的对话中展现出灵动的生命力，并随着社会的变迁不断创新自我；福建非遗传于巧"活"，在代代相传中持续融入智

---

① 王文章. 非物质文化遗产概论 [M]. 北京：教育科技出版社，2013：54.

慧与创造，使其愈加精巧、丰富；福建非遗盛于永"活"，历久弥新，始终焕发着旺盛的活力。

在福建工作期间，习近平同志倾力推动文化遗产保护，亲自部署推动闽剧、寿山石文化等非遗保护传承工作，其旨归既是重视保存历史遗迹，也是弘扬民族文化、赓续精神血脉。近年来，福建全省上下牢记嘱托，坚持"保护为主、抢救第一、合理利用、传承发展"的方针，实施整体保护，加强非遗的传承传播、活化利用，促进文旅融合。截至 2024 年，福建共有 10 个项目入选联合国教科文组织非遗名录（名册），是全国唯一实现三大类别非遗名录（名册）"大满贯"的省份。2024 年 10 月 15 日，习近平总书记在福建省漳州市东山县考察时强调："文化遗产是老祖宗留下来的宝贵财富，要保护好、传承好。"福建非遗犹如一股清泉，潺潺流淌于地域文化的脉络之中，通过现代化的教育手段、丰富多彩的社会活动以及源源不断的文化创新，深深渗透至公共生活的各个角落，成为现代社会一道不可或缺的文化风景线，在提升文化影响力、展示福建新形象方面，发挥着持久而深远的作用。

## 二、非遗美育——"活"的教学实践

当我们深入理解非遗的活态本质后，如何将其文化基因转化为教育实践便成为关键命题，这正是非遗美育的时代使命。作为美育教学资源的富矿，非遗记录着独特的审美范式——一组独特的颜色、一种奇妙的腔调、一项特有的技艺，皆展现出该地域人文独特的美学追求和文化根基。因此，将美育作为非遗传承的创新路径，能够有效构建传统文化的活化机制。通过美育与实践体验的深度融合，使非遗文化在青少年群体中实现认知转化与情感共鸣，进而增强文化自觉，坚定文化自信，夯实民族文化传承的精神根基。

在此背景下，本书提倡的"非遗美育"，即指以非遗为美育的载体，旨在培养学生的审美能力、文化认同感、创新思维和实践能力的教学形式。非遗美育的重点不是培养传统意义上的传承人，而是更关注如何引导学生去感知、欣赏非遗所蕴含的美与智慧，激发他们对传统文化的情感共鸣。在此基础上，非遗美育鼓励学生通过"活"用非遗之美，去表达自身的创意与个性，在传授"技艺"和"记忆"的同时，进一步引导学生全面参与感官体验和身体实践，使学生感知并体悟非遗文化厚重的精神内涵，从而实现审美、情感和认知的多维升华。

## （一）以美为缘，美美与共

相比于有形的、静态的、触手可及的物质文化遗产，通过具体的物质作为载体，为我们提供了对逝去历史的确凿见证，非物质文化遗产则是无形的、活态的，是"活着的历史"。无论是传统的地方戏曲、民间工艺，还是充满活力的民俗节庆，大多数非物质文化遗产都以文艺审美的形式存在，展现出卓越的审美特质，具有重要的美育价值。正如冯骥才先生所强调的，非遗不仅是一种美的呈现，它还蕴含着色彩、声音、姿态和形象的独特之美，以及节庆、习俗、仪式中的独到美学价值，这些都具有不可替代的文化意义。[①] 非遗之美，既是一条源远流长的历史河流，也是一泓滋润当代的活水，兼具历史性与共时性。它并非某一时空的偶然产物，而是在漫长的历史长河中逐步形成的，凝结了丰富的政治、经济、社会、历史及文化内涵。同时，非遗作为"活"的文化形态，是中华美学精神在时代流变中的延续与再创造，展现了中华文化的韧性和创造力。以审美为镜，走进非遗世界，能让现代人深切体验、深刻理解非遗之美，精准研判其价值，从而自觉肩负起保护与传承的重任。

非遗与美育，正是通过"美"这一共有的核心，实现深度交融。非遗美育便是将非遗中美的形式、内容和情感进行"提纯"，在尊重非遗传承性、本真性、地域性、活态性的同时，紧密围绕"审美感知""艺术表现""创意实践"和"文化理解"四个方面的艺术核心素养发展要求，通过系统的教学设计和实践活动，引导学生深入感受非遗的独特魅力。非遗美育力求在"传其技"的同时，更"传其神""表其韵"，并进一步实现"融其魂"，且在新时代的背景下"赋其意"：让学生从手工艺的"巧"，感知文化的"深"；从节庆的"欢"，领悟生活的"道"；从传统的"礼"，体会人心的"敬"。非遗融入美育教学，成就了"美美与共"的和谐美学——二者并非传承与教学的简单叠加，而是通过"美"的内涵，在交织与碰撞中达成育人目标，实现文化根脉与个人素养的双重"生长"。

## （二）以身为媒，文化新生

在工业化之前，非遗往往难以通过文字固定，更多依赖于言传身教、口传心授，使其拥有鲜明的经验性和实践性。非遗离不开生动的身体经验，它必须借助具体且鲜活的生命体来传递，成为连接身体哲学的"身体遗产"。[②] 身体是非遗及其传

① 冯骥才.非遗学原理［M］.北京：人民文学出版社，2024：18.
② 向云驹.论非物质文化遗产的身体性——关于非物质文化遗产的若干哲学问题之三［J］.中央民族大学学报（哲学社会科学版），2010（4）：63-72.

承的核心要素和构成基础，也是其得以延续和表达的生命载体。在具身化的视角下，非遗是一种通过身体实践积淀的生命经验。传承人所传递的，不仅是智慧、技艺和审美，更关键的是一代代先辈的生命情感——这是一种用生命相续的文化。非遗在审美上也展现出其独有的特点：物质文化遗产的审美对象是静态的"物"，人们通过感知静态物质中凝聚的美进行欣赏，审美者本身并不参与美的创造；而非遗的审美对象是动态的"过程"，人们通过对这一过程（包括其中的人与物）的整体把握，体验其中的美感，审美者充分参与美的创造之中。①因此，非遗的审美不是抽象的欣赏或远距离的观察，而是一种"零距离"的融入性审美，是一个全身心参与、将个体自我与文化深度融合的过程，使文化的"活态"在身心的共鸣中得到延续与升华。

基于此，非遗美育的教学亦需要通过身体，将对非遗的感知、体验与再创造有机结合，从而实现文化和美学精神的具身化传承。感知，是身体与非遗交汇的起点。当指尖轻触纺线的细腻纹理，掌心感受陶泥的温暖湿度，耳畔倾听戏曲的悠扬回响，学生们已然不是置身事外的旁观者，而是以身临其境的方式，开启了一场关于美学的深刻对话。手指的触碰、耳朵的倾听、脚步的律动，皆是非遗之美浸润学生生命的途径。体验，是身体对非遗的全面融入。非遗并非悬浮于教科书页间的抽象知识，而是需要经由身体的亲自参与，方能被生动再现的生命实践。美育中身体的投入，使学生超越了对非遗表象的理解，进入了其内在的情感和文化语境。再创造，是身体赋予非遗以新生的关键。当学生在体验中加入自己的理解与表达时，非遗便从过去的遗产转化为当下的创新。通过具身的参与，学生蜕变为文化的再造者，赋予非遗以新的可能性和无限的活力。

本书中非遗美育教学设计案例"以身为媒"的具身化教学路径——在"感知"中开启非遗的审美之门；于"体验"中进入技艺与情感的共振；在"再创造"中焕发非遗的时代活力，让非遗成为鲜活的生命之流，跨越代际，超越时空，焕发出恒久的生命力。

## 三、从"活"到"阔"——非遗与美育共生共荣

非遗最根本的价值，正在于深蕴其中的审美趣味、精神内涵和文化记忆。非遗的"活"，既是技艺的传承，更是通过文化实践与感官体验，传递着朴素的价值观

---

① 宋俊华，王开桃. 非物质文化遗产保护研究［M］. 广州：中山大学出版社，2013：70.

与情感内涵，承载着家庭、社群和乡土的文化印记。然而，如果这种"活"仅停留在局部的复兴或技艺的传授上，它仍无法触及更广泛的社会层面。要实现非遗从个体传承向全社会共创的跨越，美育无疑是一道不可或缺的"门"，引领它挣脱传统框架的束缚，绽放出更为宏大的文化魅力和时代光辉。

美育这扇"门"，为非遗的"活态"传承与"广阔"传播开辟了新的境界。通过美育的赋能，非遗进一步拓展为社会文化实践的重要组成部分，成为动态的社会力量。学校美育通过精心设计的课程和实践活动，使非遗成为音乐、美术等学科的"活教材"；教师借助与传承人的合作交流，作为学科知识传递者的同时，更进一步成为学生非遗审美体验的设计者、引领者；校园则由知识传递的场所，蜕变为非遗传承与传播的活跃平台。随着美育实践的不断深化，非遗突破了学校的边界，逐步走向更广阔的社会舞台——非遗融入公共文化空间、社区活动和社会实践之中，充分发挥其在社会美育共同体中的"黏合剂"作用。最终，非遗不仅成为推动地方文化创新的动力源泉，还孕育出社会共创的文化财富，激发地方文化在现代社会中的新生与活力。

展望未来，数字美育将为非遗传播开启一扇全新的"数字化之门"。借助虚拟现实（VR）和增强现实（AR）等前沿技术，非遗实现了身临其境的沉浸式体验。数字化的采集、存储与场景复原技术的快速发展，在非遗保护与传承中发挥着积极作用，也为非遗在审美教育领域的创新发展提供了新动力。这些技术的进步，将极大地激发非遗的美育潜力，突破以传承人为主的传播模式和时空限制，使非遗得以在更加开放和多维的空间中延展。

从学校美育到社会美育，再到数字美育，非遗通过美育这扇"门"，实现了从"活"到"阔"的跨越，从单一技艺的传授走向全社会的文化共创。作为传统文化的瑰宝，非遗正全方位地融入现代审美的洪流，焕发出新的生机。借助美育的力量，非遗展现了在变革中不断求新求变的文化动力和旺盛的"活"力。非遗则为美育注入源头活水，让其更"活"且"泛"。非遗以深厚的文化积淀和生动的实践形式，打破了传统美育中"静态"的局限，将美育教学转化为流动的、富有生命力的文化体验，成为全社会共同参与、赓续传承的文化事业。在此过程中，非遗与美育共生共荣、携手并进，推动着中华优秀传统文化的再生与创新。

**胡 泊**

（福建省美育研究院执行院长，福建师范大学教授、博士生导师）

# 守护文明火种，照亮美育之路

在浩瀚的人类文明长河中，非物质文化遗产犹如璀璨的星辰，照亮了人类精神世界的天空。它们是先民智慧的结晶，是民族精神的载体，是文化多样性的见证。从古老的戏曲到精湛的民间工艺，从神秘的祭祀礼仪到多彩的民俗活动，非遗艺术以其鲜明丰富的样态，承载着人类文化独特的历史记忆和民族文化基因。

福建，独特的地理环境与历史积淀，孕育了丰富多彩的非物质文化遗产。这片山海相拥的土地，造就了闽山闽水非遗艺术"山海交融"的地域特色。这里有展现海洋文化开放与包容的南音悠扬，有彰显闽越文化厚重与深邃的漆艺世界，还有流传千年、美不胜收的油纸伞、红砖雕、泉州花灯……这些非遗艺术不仅是地域文化的标识，是这片土地文化记忆的鲜活见证，更是福建人民精神世界的写照，是福建人民智慧的结晶。

在全球化浪潮席卷世界的今天，人工智能技术正以迅猛之势不断颠覆着我们的认知，非遗艺术已然面临前所未有的挑战。现代生活方式的冲击、传承人的老龄化、年轻一代兴趣的转移，与不易被机器替代的精进力、敏锐力、决策力之间存在冲突，许多珍贵的非遗艺术濒临失传。守护这些文明火种，不仅是对历史的尊重，更是对未来的责任。

让非遗艺术走进课堂，虽源于我省 2021 年的一次省级艺术教学实践活动，却成了我们自觉践行守护文明火种的重要途径之一。为贯彻全国教育大会精神和中共中央办公厅、国务院办公厅《关于实施中华优秀传统文化传承发展工程的意见》，根据教育部印发的《中华优秀传统文化进中小学课程教材指南》精神，《美在非遗　育见未来——非遗特色美育教学设计如何做》应运而生。此书由福建省美育研究院立项，福建省普通教育教学研究室组织牵头，汇聚了福建省众多一线骨干教师和非遗传承人的智慧与经验，涵盖了多种非遗艺术表现形式，呈现了八闽大地具有代表性的音乐与美术元素的非遗文化。

我们力求通过大单元项目式学习，开展基于福建特色的非遗艺术教学探索与实践。每个单元从目标理念到课时设计，从教学方法到评价指标，努力形成教学评一体的完整闭合链。教学案例将抽象的非遗艺术知识转化为具体可感的教学活动，不仅帮助学生在实践中感受非遗文化的魅力，掌握非遗技艺的工艺流程，激发他们对非遗艺术的兴趣，还培养了他们热爱民族、家乡的家国情怀。这已不再是简单的技艺传授，而是跨越时空的文化对话。它进一步落实了坚守中华民族的共同理想信念，筑牢民族文化自信、价值自信根基，增强国家文化软实力，有效实现"立德树人"教育目标的要求。

面对世界"变局"和科技迅猛发展，要"永续中华民族根与魂"，就必须将非遗艺术的传统与现代相结合，以更加开放包容的心态守正创新。希望通过本书的出版，能吸引更多教育工作者和社会力量参与非遗美育传承工作中，切实用博大精深、悠远绵延的中华优秀传统文化，历久弥新的中华人文精神、中华传统美德等教育引导广大青少年，传承我们取之不尽用之不竭的精神财富。更希望我们能携手同行，共同守护这些非遗之美的火种，让古老的艺术形式在数字时代焕发出新的生机与活力，照亮人类文明的未来之路。

黄丽丽　刘晨曦

（福建省普通教育教学研究室）

# 目 录 | CONTENTS

闽东之山海交融的热土上，非遗文化如同璀璨星辰，点缀着这片古老而充满生机的土地。它们如同历史的活化石，记录着闽东人的生活足迹，传承着世代相传的文化基因。这里的每一位非遗传承者都塑造了一段经典的"非遗故事"，每一项非遗技艺都孕育了一份深厚的"非遗情感"。它们共同编织成闽东地区独特的文化名片，在岁月的长河中熠熠生辉。从烟台山的漆彩斑斓，到木刻版画的藤韵流光，从福州油纸伞的"伞"亮传承，到十番音乐的乐动心弦，再到福安平讲戏的童心润物，这些非遗项目不仅丰富了闽东的人文景观，也为美育提供了生动的素材，让传统文化在新时代语境中焕发出新的生命力。

福建师范大学美术学院教授、博士生导师　蓝泰华

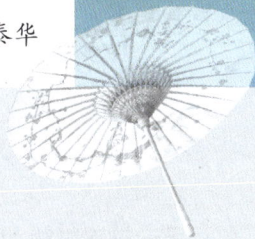

闽东篇

# 漆彩烟台山——福州脱胎漆器髹饰技艺

福州市江南水都小学　苏林婕

指导教师：福州脱胎漆器髹饰技艺代表性传承人　吴思冬

## 一、非遗之窗——福州脱胎漆器髹饰技艺

### （一）导入语

有"珍贵黑宝石""人间国宝"等美誉的福州脱胎漆器与北京的景泰蓝、景德镇的瓷器并列为中国工艺三宝。它采自天然生漆，结合髹饰技法而成。其中，"髹"是"以漆漆物"，"饰"是"以纹装饰"，使漆器兼具轻盈与瑰丽的特点（作品示例如图 1-1、图 1-2）。2006 年 5 月 20 日，福州脱胎漆器髹饰技艺经国务院批准列入第一批国家级非物质文化遗产名录。

图 1-1 《琢痕》　吴思冬

图 1-2 《仓山往事》　吴思冬

### （二）漆艺之美（图1-3）

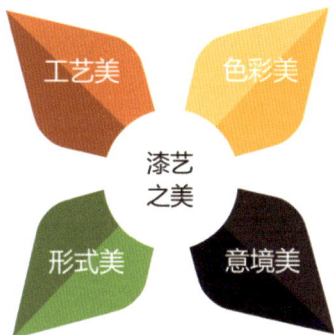

图1-3 漆艺之美

## 二、课程标准研读

本单元课程基于《义务教育艺术课程标准（2022年版）》第二学段（3~5年级）美术学科目标，主要包括：①能运用造型元素、形式原理和欣赏方法，欣赏、评述艺术家的作品，感受中外美术作品的魅力；②能运用传统或现代的工具、材料和媒介，创作平面、立体或动态等表现形式的美术作品，表达自己的所见所闻、所感所想，学会以视觉形象的方式与他人交流；③能利用不同的工具、材料和技能，制作传统工艺品，学习工艺师敬业、专注和精益求精的工匠精神。单元内容主要涵盖"欣赏·评述""造型·表现""设计·应用""综合·探索"4类艺术实践，共3课时。

## 三、单元教学目标

### （一）课程目标

基于课程标准，本单元的教学目标如下：

1. 学生通过欣赏、分析，能够了解福州漆艺的历史文化，掌握福州漆艺的髹饰技艺。

2. 学生能够感受福州漆艺的髹饰之美，并利用髹饰技法创作出具有福州特色的漆艺文创作品。

3. 在了解漆文化、体验髹饰技法中，学生能够理解非遗技艺传承的重要性，并培养学生对家乡的热爱之情。

### （二）核心素养目标

1. 审美感知：感受福州漆艺的髹饰之美，提升学生的审美情趣和艺术修养。

2. 艺术表现：学生通过欣赏、分析，了解福州漆艺的历史文化，掌握福州漆艺的髹饰技艺。

3. 创意实践：利用髹饰技法创作出具有福州特色的漆艺文创作品。

4. 文化理解：在了解漆文化、体验髹饰技法中，学生能够传承中国非遗漆艺文化，并培养对家乡的热爱之情。

### （三）学段学情特点

本单元课程系根据浙美版《美术》五年级上册设计，是在活用教材、巧用教材的基础上拓展的非遗课程。本单元课程围绕浙美版五年级上册第一课"悠悠老街"与五年级下册第十九课"中国漆器"构建了一个层层递进的漆艺学习单元。五年级学生虽都有一定的造型基础及欣赏评述的能力，但大部分学生对漆艺的艺术特色、文化价值及背后深厚的文化内涵和髹饰工艺缺乏了解。因此，本课程旨在通过本单元的学习，引导学生欣赏漆艺之美，感受其沉稳而高雅的美感，培养学生对中国传统文化的认同感和传承意识。

## 四、单元教学任务

### （一）单元课程结构（图1-4）

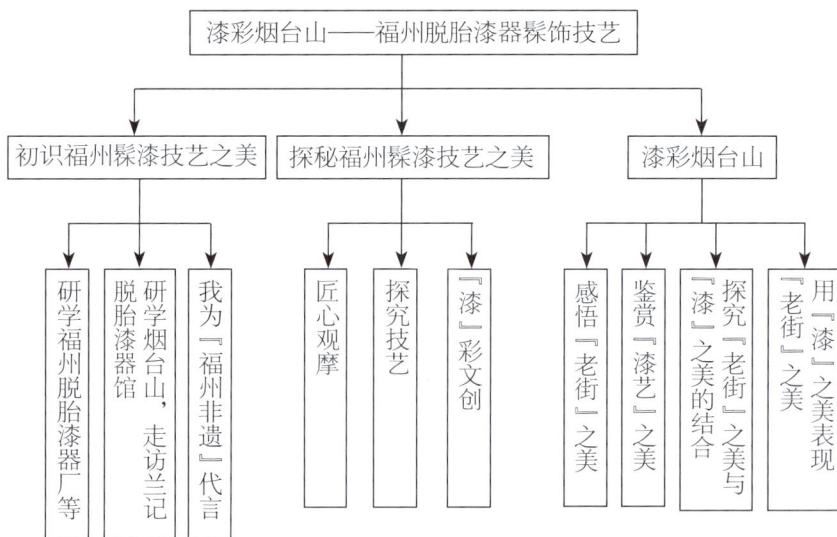

图1-4　单元课程结构

## （二）单元结构设计（表 1-1）

### 表 1-1　漆彩烟台山——福州脱胎漆器髹饰技艺

| 第一课　初识福州髹漆技艺之美 | |
|---|---|
| 学习任务 | 问题探究 |
| 1. 了解福州漆艺的历史、现状及其艺术价值。<br>2. 了解漆在生活中的应用。 | 1. 什么是漆艺？<br>2. 福州漆艺有什么特点？<br>3. 漆艺有哪些作用和艺术价值？<br>4. 完成一个漆艺作品需要哪些工序？ |
| 活动 1：研学福州脱胎漆器厂、福州市非遗展览馆 | |
| （1）近距离欣赏名家作品。<br>（2）实地考察、走访漆艺传承工作室。<br>（3）实地走访整理的资料。 | |

研学福州脱胎漆器厂　　　　　　研学福州市非遗展览馆

| 学习任务 | 问题探究 |
|---|---|
| 3. 走访福州烟台山，了解历史，了解并分析中西建筑的风格。<br>4. 走访塔亭路 53 号的兰记脱胎漆器馆，了解"兰记"脱胎漆器的发展历程。 | 5. 中西建筑有什么不同？<br>6. 福州脱胎漆器经历了怎样的发展历程？ |
| 活动 2：研学烟台山，走访兰记脱胎漆器馆 | |

（1）走访福州烟台山，感知中西建筑群与人文历史在岁月的沉淀中显露出浓郁的古韵，完成学习任务单。

（2）通过实地写生，手绘心中最美的烟台山。

（3）走访塔亭路 53 号的兰记脱胎漆器馆，了解"兰记"脱胎漆器的发展历程；了解非遗概念，感悟保护非物质文化遗产的迫切性。

研学烟台山

续表

| 学习任务 | 问题探究 |
| --- | --- |
| 5. 我为"福州非遗"代言。 | 7. 如何结合家乡地域特点，宣传福州文化？ |

**活动3：我为"福州非遗"代言**

结合研学所思所感，用图文结合的形式设计一幅文创手稿，呼吁更多的人和你一起了解非遗、传承非遗。

月宫门研学

石厝教堂研学

美志楼研学

续表

| 第二课　探秘福州髹漆技艺之美 | |
|---|---|
| 学习任务 | 问题探究 |
| 1. 了解漆画的制作工具和步骤。 | 1. 漆画制作完成需要哪些步骤？<br><br>2. 漆画的制作工具有哪些？<br><br>3. 你还能想到哪些髹饰技法？ |

### 活动 1：匠心观摩

（1）通过微课赏析和教师示范，学习漆画制作工序，感受漆艺传承人精益求精的工匠精神。

（2）掌握漆画制作的基本漆艺技法（堆高起纹、米粒起纹、纱布起纹、贴蛋壳、贴螺钿、撒漆粉等）。

堆高起纹　　　米粒起纹　　　纱布起纹

贴蛋壳　　　贴螺钿　　　撒漆粉

**基本漆艺技法**

| 学习任务 | 问题探究 |
|---|---|
| 2. 互动探究，学习漆艺技法。 | 4. 漆艺技法有哪些？<br><br>5. 如何使用镶嵌、撒金、描绘、刻填、贴蛋壳等技法？ |

### 活动 2：探究技艺——漆画髹饰技法初体验

（1）在漆板上描绘简单的手稿，选择喜欢的髹饰技法进行初次尝试，制作局部作品，并谈谈创作中遇到的困难。

（2）再次尝试，掌握正确的制作方法。

**髹饰技法初体验**

| 学习任务 | 问题探究 |
|---|---|
| 3.通过课堂实践，体验髹饰技艺。 | 6.在制作漆画时，你是如何选择合适的髹饰技法的？ |

### 活动3："漆"彩文创

用髹饰技法创作漆艺文创作品。

漆艺文创作品

### 第三课　漆彩烟台山

| 学习任务 | 问题探究 |
|---|---|
| 1.了解悠悠老街——烟台山之古韵与人文，赏析建筑之美。 | 1.请你用一个词来形容你眼中的烟台山。<br>2.百年前，为什么17国都在此建领事馆？<br>3.通过影视资料，思考在这段历史时空里，你看到了什么？ |

### 活动1：感悟"老街"之美

（1）回首过往，铭记历史，展望未来。

（2）通过研学烟台山，请同学们说说心目中最美的老街印象。中西建筑群与人文历史在岁月的沉淀中显露出浓郁的古韵，展现出独特的"老街"之美。

烟台山研学成果汇报　　　　现场照片（左），学生手绘图（右）

| 学习任务 | 问题探究 |
|---|---|
| 2. 名作赏析，传承非遗。通过对比分析，感知艺术作品所蕴含的内在情感。 | 4. 思考艺术家应用哪些髹饰技艺来表现古朴、含蓄的意境？<br>5. 体会非遗技艺传承的重要性。 |

### 活动2：鉴赏"漆艺"之美

（1）作品赏析——《仓山往事》（吴思冬作品）。
（2）结合非遗传承人的视频、报道和作品赏析，了解髹饰技艺的应用和发展。

兰记脱胎漆器店

鉴赏吴思冬《仓山往事》漆画

| 学习任务 | 问题探究 |
|---|---|
| 3. 技法探究，师生互动。<br>4. 同龄人作品近距离赏析。 | 6. 你会选择哪些材料和技法来表现悠悠老街之美？ |

### 活动3：探究"老街"之美与"漆"之美的结合

（1）选择合适的材料和技法，表现悠悠老街之美，并说说老街为什么美。
（2）随着材料和技法的创新发展，人们发现漆不仅是黏着剂，也具有很大的包容性，具有无限的可能，就像人们常说的"万物皆可漆"。

探究髹饰技法在街景创作中的应用

近距离赏析同龄人作品

| 学习任务 | 问题探究 |
|---|---|
| 5. 创新实践，用"漆"之美表现"老街"之美。 | 7. 在创作时，选择合适的髹饰技法表现"老街"之美。 |

**活动4：用"漆"之美表现"老街"之美**

发挥想象力，运用镶嵌、莳绘、变涂等髹漆方法，在漆板上表现悠悠老街。

"悠悠老街——漆彩烟台山"课堂互动

非遗传承人吴思冬现场点评与寄语

漆彩烟台山——月宫门 学生作品展示

漆彩烟台山——石厝教堂 文创作品

学生实践创作

漆彩烟台山——学生作品展示

## 五、单元评价设计指南（表1-2）

表1-2 单元设计评价指南

| 一级<br>指标 | 二级指标 | 评价要素 | 分值 | 实际得分 | | |
| --- | --- | --- | --- | --- | --- | --- |
| | | | | 自评 | 组评 | 师评 |
| 艺术<br>表现 | 能够熟练掌握美术基本语言，自觉运用美术表现能力来解决问题。 | 我能够了解福州脱胎漆器髹饰技艺的制作方法，赏析漆艺作品中独特的漆语言，感受髹饰技艺中独特的肌理之美。 | 15 | | | |
| | 通过欣赏分析，掌握漆艺的髹饰技艺，表达自己的意图、思想和情感。 | 我能运用髹饰技艺，创作有趣的漆艺作品，表达自己的思想与情感。 | 15 | | | |
| 审美<br>感知 | 对审美对象进行欣赏与感知、判断与表达。 | 我能分析比较，感知漆艺作品的独特性、防腐蚀性和多样性，并能主动与同学交流自己的看法。 | 10 | | | |
| | 通过语言、文字和图像等方式表达自己的审美感受，用美术的方式记录生活和环境。 | 我能运用手绘稿、照片和文字记录自己的所思所想，表达对福州烟台山老街的情感。 | 10 | | | |
| 创意<br>实践 | 对创作的过程和方法进行探究与实践，生成独特的想法并转化为艺术作品。 | 我能根据作品的质感，选择合适的髹饰技法进行创作。 | 10 | | | |
| | 形成创新意识，进行艺术创作活动。 | 我能利用髹饰技法创作具有福州特色的漆艺文创作品。 | 10 | | | |

| 一级指标 | 二级指标 | 评价要素 | 分值 | 实际得分 | | |
|---|---|---|---|---|---|---|
| | | | | 自评 | 组评 | 师评 |
| 文化理解 | 逐步形成对特定文化情境中美术作品的人文内涵的感悟。 | 我能通过口头或书面作品，表达对脱胎漆器的髹饰技艺的认识和理解。 | 10 | | | |
| | 尊重非遗艺人及其创造成果，理解非遗传承的意义。 | 在参与综合探索活动中，我能主动学习和探究；在交流、合作时，我能尊重、理解他人的看法。 | 10 | | | |
| 自评分数 | | 组评分数 | 师评分数 | | | |
| 教师建议 | | | | | | |

## 六、专家点评

苏林婕老师的"漆彩烟台山——福州脱胎漆器髹饰技艺"大单元案例设计，在活用教材、巧用教材的基础上，以学生为主体，深挖福州本土历史文化资源，引导学生感受漆艺沉稳而高雅的美感与"万物皆可漆"的包容性，注重培养学生的美术核心素养，增强他们对中国传统文化的认同感和传承意识。

**1. 根植福州本土文化，挖掘贴近生活实际的题材资源**

福州烟台山老街文化贴近学生实际生活，易于激发学生的学习兴趣。它不仅有利于培养学生的美术核心素养，还有利于涵养学生的文化自信和自觉，是大单元案例研究的最佳素材源。

**2. 立足学生主体，注重观察与实践相结合**

通过观察、采访和记录，学生们在感受非遗的过程中，增强了对传统文化的认同感与归属感，这种体验式学习方法大大提高了课程的实效性。学生们通过髹饰技艺的学习，感受其独特的肌理之美，能够根据作品的质感选择合适的髹饰技法进行创作，将所学的知识与技能转化为实际创作能力。这样的实践环节极大地激发了学生的创造力，让学生在动手中体会到非遗技艺的魅力与乐趣。

### 3.融合现代元素，推动非遗文化"出圈"

教学中适当融入了现代设计理念，通过展示一些脱胎漆器在现代生活中的应用，让学生看到传统工艺的实用性和美观性。这种结合，使学生更容易理解传统技艺与现代生活的关系，从而提升了他们的学习积极性。

随着科技的发展，VR、AR等技术日渐普及，在今后的教学中，可以考虑将这些先进的科技手段引入课堂，帮助学生更直观地理解这门技艺的丰富性。例如，通过虚拟现实展示髹饰技艺的制作过程，让更多的孩子参与非遗漆文化传承活动。

（仓山区第二中心小学督学、高级教师　苏岚；

仓山区第一中心小学高级教师　黄艳芬）

# 藤韵老街，流光印痕——木刻版画

福州市台江第三中心小学　彭凌姗

指导教师：船政木刻版画非遗传承人　檀俊灶

## 一、闽都瑰宝——船政木刻版画

### （一）导入语

　　1866 年，福建船政学堂在福州创立，设立了专门的木刻雕版印刷机构，催生了船政木刻版画艺术。其应用广泛：一是用于制作教学教材，通过梨木板雕刻、水印拓印、棉绳装订成书。二是在报纸杂志上进行宣传，尤其在学堂初期，邀请英法教师教学，通过木口木刻雕版形式制版并印刷报刊，报道中国的重要事件。后来船政学堂解散，雕版技术流入民间。非遗传承人檀俊灶师从卢冬瑞技师，习得中国水印雕版与西方木刻技艺。历经 20 余年的探索创新，2022 年 6 月，船政木刻版画被列为马尾区第四批非物质文化遗产项目。该项目巧妙融合了中西版画的技法，以其精细的刀法、丰富的肌理表现了近代船政人崇尚科学、勇于变革、精益求精的精神。图 1-5 为檀俊灶的木刻版画《严复》，图 1-6 为檀俊灶的木刻版画《千年古港，百年船政》。

图 1-5　木刻版画
《严复》　檀俊灶

图 1-6　木刻版画《千年古港，百年船政》　檀俊灶

## （二）木刻版画之美（图 1-7）

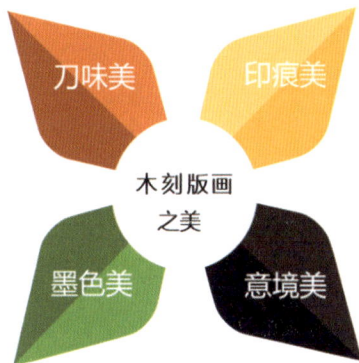

图 1-7　木刻版画之美

## 二、课程标准研读

本单元课程基于《义务教育艺术课程标准（2022 年版）》第二学段（3～5 年级）美术学科目标，主要包括：①能运用造型元素、形式原理和欣赏方法，欣赏、评述艺术家的作品，感受中外美术作品的魅力；②能运用传统或现代的工具、材料和媒介，创作平面、立体或动态等表现形式的美术作品，表达自己的所见所闻、所感所想，学会以视觉形象的方式与他人交流；③能利用不同的工具、材料和技能，制作传统工艺品，学习工艺师敬业、专注和精益求精的工匠精神。单元内容主要涵盖"欣赏·评述""造型·表现""设计·应用""综合·探索"4 类艺术实践，共3 课时。

## 三、单元教学目标

### （一）课程目标

基于课程标准，本单元的教学目标如下：

1. 学生能够了解船政木刻版画的艺术特点、文化内涵、制作技艺以及基本的工序。

2. 学生能够运用木刻版画技法进行主题绘画创作、文创设计，并进行展示策划等。

3. 学生能够理解船政木刻版画作品表现出的刀味美、印痕美、墨色美和意境美，并理解工匠精神。

### （二）核心素养目标

1. 审美感知：通过研学活动，了解老街的历史、老艺人的故事，感受老街的器物美和人文美；通过对木刻版画作品的赏析，了解木口木刻的细腻刀法与丰富肌理，感受版画的印痕美和肌理美，激发对革命精神的敬仰，培养爱国主义情怀。

2. 艺术表现：以老街中的藤器为主题，通过线描写生收集创作素材，运用非遗木刻版画技法表现藤器独特的肌理，感受版画印痕与肌理之美，理解老街人民追求简朴、自然的生活理念。

3. 创意实践：综合运用多学科知识，以研学收集的创作素材为基础，开展版画文创作品设计，并围绕"非遗焕新光"这一主题组织展示活动，让学生理解非遗传承与创新的意义。

4. 文化理解：通过本单元的学习，让学生在研学、版画创作、文创设计及展示活动中，理解非遗是一种文化的延续，促进学生对非遗文化的热爱之情，提升民族自信心与自豪感。

### （三）学段学情特点

本单元课程紧密围绕浙美版《美术》五年级上册教材"悠悠老街"的主题进行设计，是在深入剖析与灵活应用教材的基础上开展的一次非遗文化深度拓展尝试。课程充分考虑了五年级学生的心理发展特点，精心构建了"发现美、欣赏美、创造美"这一层层递进的学习路径。鉴于学生已经通过四年级"家乡的古塔""爱书藏书"等前期课程中积累了版画基础，本课程特将焦点对准木刻版画领域。针对学生在此领域认知尚浅，尤其是对木刻版画的独特艺术特色、制作技法了解不足的现状，且刻刀刻木版难度大的情况，本课程旨在通过系统教学，让学生应用合适的工具（胶板代替木板）掌握船政木刻版画技法，并运用其表现福州上下杭老街中的藤器，从而激发学生对本土非遗文化的兴趣，增强他们的文化认同与珍视之情。

## 四、单元教学任务

### （一）单元课程结构（图1-8）

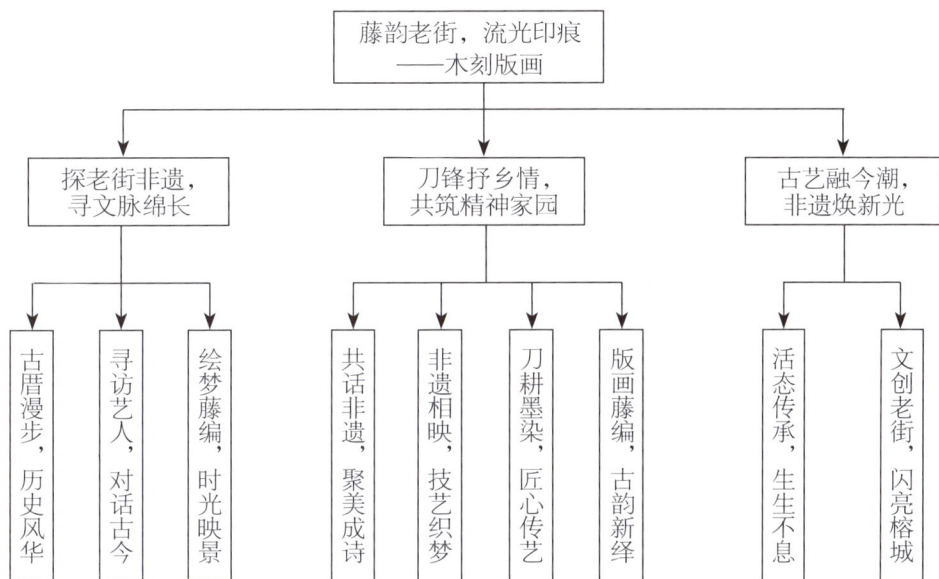

```
              藤韵老街，流光印痕
              ——木刻版画
    ┌──────────────┼──────────────┐
探老街非遗，      刀锋抒乡情，      古艺融今潮，
寻文脉绵长        共筑精神家园      非遗焕新光
 ┌──┼──┐      ┌──┬──┬──┬──┐      ┌──┐
古  寻  绘      共  非  刀  版      活    文
厝  访  梦      话  遗  耕  画      态    创
漫  艺  藤      非  相  墨  藤      传    老
步  人  编      遗  映  染  编      承    街
，  ，  ，      ，  ，  ，  ，      ，    ，
历  对  时      聚  技  匠  古      生    闪
史  话  光      美  艺  心  韵      生    亮
风  古  映      成  织  传  新      不    榕
华  今  景      诗  梦  艺  绎      息    城
```

图1-8 单元课程结构

### （二）单元结构设计（表1-3）

表1-3 藤韵老街，流光印痕——木刻版画

| 第一课　探老街非遗，寻文脉绵长 ||
|---|---|
| 学习任务 | 问题探究 |
| 课前研学：<br>1. 了解上下杭老街的历史文化特点，感受老街的独特魅力和深厚历史内涵。 | 1. 为什么上下杭老街被誉为"福州传统商业博物馆"？<br>2. 上下杭老街有什么样的艺术特点？什么原因让上下杭老街的建筑形成了自己独特的风格？ |
| 活动1：古厝漫步，历史风华——通过研学活动了解上下杭历史 ||
| （1）走访上下杭老街，了解老街中西结合建筑的艺术特点以及形成的历史原因。<br>（2）分小组探寻上下杭老街古建筑的历史故事。 ||

（3）通过书籍、网络等方式查找资料，完成研学调查任务单。

<table>
<tr><td colspan="3">研学调查任务单</td></tr>
<tr><td>序号</td><td>问题</td><td>答案</td></tr>
<tr><td>1</td><td>为什么上下杭被誉为"福州传统商业博物馆"？</td><td></td></tr>
<tr><td>2</td><td>上下杭老街呈现出什么样的艺术特点？什么原因让上下杭老街的建筑形成了自己独特的风格？</td><td></td></tr>
<tr><td>3</td><td>你喜欢哪一处古建筑？说说你的理由，有什么样的故事打动了你？</td><td></td></tr>
</table>

| 学习任务 | 问题探究 |
| --- | --- |
| 2. 走访老街中的老艺人，了解福州上下杭藤编的历史与技艺。 | 3. 藤编手艺是如何代代相传的？<br>4. 相比于其他藤器，上下杭藤器有哪些特殊之处？<br>5. 观察上下杭的藤器有哪些纹理，能用什么方法记录？ |

**活动2：寻访艺人，对话古今——实地走访上下杭藤编艺人**

（1）走访上下杭藤编艺人，了解藤编的工艺特点、方法技能以及传承故事。

（2）拍照或录像记录实地考察过程，为后续的分析和汇报做准备。

学生现场写生

| 学习任务 | 问题探究 |
| --- | --- |
| 3. 实地写生，收集创作素材，形成创作意向。 | 6. 如何组织线条来表现藤编器物的肌理？<br>7. 如何表现老福州人对藤器的特殊情感？ |

| 活动3：绘梦藤编，时光映景——写生上下杭藤编 |
| --- |
| （1）写生上下杭的藤器，为接下来的创作课程收集丰富的素材。<br>（2）对实地考察拍摄的照片和收集的资料进行整理、归纳和分析。 |

| 第二课 刀锋抒乡情，共筑精神家园 |
| --- |

| 学习任务 | 问题探究 |
| --- | --- |
| 1. 了解藤器之美，感悟老福州人的生活理念。 | 1. 老街流传一句话："福州千家万户都用过上下杭柯家编制的藤器。"为什么上下杭的藤编工艺深受老福州人的青睐？它蕴含着何种独特的美感？<br>2. 藤器作为生活用品和家具，体现了福州人民怎样的生活理念？ |

| 活动1：共话非遗，聚美成诗——交流讨论上下杭藤器之美 |
| --- |
| （1）感受并理解上下杭藤编的美感：自然美、造型美、肌理美、人文美。<br>（2）理解藤器承载着老福州人的生活哲学。它们不仅是实用的生活器具，还是老福州人简约自守、追求返璞归真生活方式的象征。 |

| 学习任务 | 问题探究 |
| --- | --- |
| 2. 通过欣赏作品，学习借鉴表现藤编肌理的非遗木刻版画技法。 | 3. 如何运用非遗木刻版画技法，呈现藤器之美？<br>4. 欣赏作品《星星之火，可以燎原》，说一说，画面描绘了什么？你感受到了黑白木刻版画的哪些美感？<br>5. 竹编和藤编都采用了经纬交织的编织方法，有相似的肌理之美，是否能借鉴这幅作品的技法来表现上下杭的藤编？ |

续表

| 活动2：非遗相映，技艺织梦——欣赏船政木刻版画 |
|---|

欣赏船政木刻版画传承人的作品《星星之火，可以燎原》，体会非遗木刻版画技法之美。通过对优秀作品的学习和借鉴，掌握用非遗木刻版画技法表现藤器的方法。

《星星之火，可以燎原》
檀俊灶

| 学习任务 | 问题探究 |
|---|---|
| 3. 通过与船政木刻版画非遗传承人的互动交流，了解船政木刻版画的艺术特点和基本制作技法。 | 6.《星星之火，可以燎原》是船政木刻版画非遗传承人檀俊灶的作品，那么，什么是船政木刻版画呢？<br>7. 与传统木刻版画相比，船政木刻版画的独特之处体现在哪些方面？<br>8. 想要表现出藤编肌理生动的艺术效果，需要选择哪种刻刀？如何组织刀法？<br>9. 木刻版画的制作需要经过哪些工序？ |

| 活动3：刀耕墨染，匠心传艺——解密船政木刻版画技艺 |
|---|

（1）简单了解船政木刻的起源和发展。了解非遗概念，理解船政木刻版画技艺是非遗，并形成保护意识。

（2）学生观察传承人的示范操作，传承人或教师讲解雕刻刀的使用、运刀方向、刀法组织的方式等。学生掌握刻画物体的方法和处理中间色的丰富变化技巧，同时体会传承人精益求精的工匠精神。

（3）了解刀法的组织方式。

线的刻法　　　　　　　　　点的刻法

（4）通过微课视频回顾木刻版画的制作工序，包括选材、设计黑白画稿、刻制、上墨、印刷等步骤。

| 学习任务 | 问题探究 |
| --- | --- |
| 4. 通过木刻版画的艺术实践，掌握对写生稿进行艺术化处理的方法，以及刻制、上墨、印刷的过程，完成创作。 | 10. 画面上你想要表达什么样的情感？如何通过构图、刀法、黑白等来表现？<br>11. 画面中黑白灰刻制的先后顺序是什么样的？<br>12. 刀法的组织要根据形象结构的变化而变化，如何用不同的刀法表现不同的藤器？<br>13. 画面中如何通过黑白对比来表现空间感，达到突出主体的效果？ |

**活动 4：版画藤编，古韵新绎——用单色版画形式表现藤编故事**

艺术实践：选取小幅胶板，运用船政木刻版画技法，来表现老街中人与藤器的故事。

（1）设计黑白画稿：对研学写生稿中的形象进行分析、取舍、重组等艺术加工，并把画面的色调层次根据明暗的变化加以概括，区分为不同的灰色块，并根据画面表达的情感，思考有哪些合理的刀法，为刻制打下坚实的基础。

（2）刻制：刻制过程遵循"知白守黑"的原则，先刻去最白部分，其次处理中间色调的变化，再处理深灰色部分。全部刻完后，进行打样修版。

（3）上墨、印刷：完成打样修版后进入上墨、印制步骤。

学生作品一　　　　　　　学生作品二　　　　　　　学生作品三

**第三课　古艺融今潮，非遗焕新光**

| 学习任务 | 问题探究 |
| --- | --- |
| 1. 了解文创设计的基础知识，并进行文创制作。 | 1. 文创产品的设计原则有哪些？<br>2. 生活中哪些物品可以用老街版画元素进行设计？<br>3. 如何创意地将藤编版画元素设计到产品中？ |

| 活动1：活态传承，生生不息——设计与制作上下杭文创作品 |
| --- |

（1）欣赏优秀文创产品设计，讨论文创产品的设计原则（文化体现、市场需求、差异创新、美观实用、绿色环保）。

（2）从众多素材中挑选出适合版画创作和文创产品设计的元素。

（3）在扇子、书签、笔记本封面上印制作品。

学生文创作品之一　　　　　　　　学生文创作品之二

| 活动2：文创老街，闪亮榕城——设计布展方案 |
| --- |

| 学习任务 | 问题探究 |
| --- | --- |
| 2. 制订可行的展示计划书，积极参与策展和布展活动。 | 4. 如何展示、传承木刻版画技艺？ |

（1）策划展示内容与展览形式，确定宣传手段。

（2）分工协作，合作布展。收集反馈，完成单元评价。

学生现场展示版画制作

## 五、单元评价设计指南（表1-4）

表 1-4  单元评价设计指南

| 一级指标 | 二级指标 | 评价要素 | 分值 | 实际得分 | | |
|---|---|---|---|---|---|---|
| | | | | 自评 | 组评 | 师评 |
| 审美感知 | 通过语言、文字和图像等方式记录、表达自己的审美感受。 | 能在研学活动中以文字、摄影、绘画等方式收集老街历史、建筑、器物等相关资料，能向同学们介绍自己的感受与观点。 | 10 | | | |
| | 对审美对象进行欣赏与感知、判断与表达。 | 能够通过船政木刻版画作品的观察和比较，简单描述作品的内容和特点，感受木口木刻的细腻刀法与丰富肌理。 | 10 | | | |
| 艺术表现 | 能够熟练掌握美术基本语言，并加以表现和创作，同时能够进行一定程度的再创造，创造性地开展绘画表现。 | 能掌握船政木口木刻版画的刀法和制作工序，表现藤器的肌理与造型。 | 15 | | | |
| | 通过观察、想象、构思和表现等过程，创造有意味的视觉形象，表达自己的意图、思想和情感。 | 能运用船政主题木口木刻版画的方法与流程，创作以藤器为主题的版画作品，表达自己的思想与情感。 | 15 | | | |
| 创意实践 | 联系现实生活，进行艺术创新和实际应用，形成创新意识、创意思维和创造方法。 | 能运用和借鉴各类创意想法和创作手段，开展版画文创设计。 | 15 | | | |
| | 能综合运用多学科知识，进行艺术创意活动。 | 能和同学合作制订可行的展示计划，策划一次展示活动。 | 15 | | | |

续表

| 一级指标 | 二级指标 | 评价要素 | 分值 | 实际得分 | | |
|---|---|---|---|---|---|---|
| | | | | 自评 | 组评 | 师评 |
| 文化理解 | 逐步培养对特定文化情境中美术作品的人文内涵的感悟、领会和阐释能力。 | 能够通过口头或书面表述对船政主题版画作品的认识与理解。 | 10 | | | |
| | 尊重非遗艺人及其艺术成果，理解非遗传承的意义。 | 懂得船政主题非遗版画的艺术价值，热爱传统非遗艺术。 | 10 | | | |
| 自评分数 | | 组评分数 | | 师评分数 | | |
| 教师建议 | | | | | | |

## 六、专家点评

彭凌姗老师的"藤韵老街，流光印痕——木刻版画"大单元案例设计，基于浙美版《美术》五年级上册第一课"悠悠老街"进行拓展延伸。该设计围绕"学习体验非遗技艺，理解非遗传承人精益求精的工匠精神"的单元大观念进行构建，通过基本问题、小问题贯穿整个教学过程，遵循学生身心发展规律，创设生活化教学情境，让学生在实践体验非遗技艺中，加强中华优秀传统文化教育，坚定文化自信，提升核心素养。

### （一）地缘人缘，共绘非遗

彭老师案例的一大亮点是积极探索利用"地缘、人缘"优势开展非遗传承和美育的新路径。"地缘"是指通过带领版画社团的学生，走入与学校近在咫尺的上下杭文化历史街区开展研学活动，寻访藤器非遗传承人，感受匠人的精湛技艺与敬业、专注的工匠精神，为版画创作提供鲜活的生活素材。"人缘"是引进"船政木刻版画"非遗传承人讲授交流，为表现上下杭的精美藤器提供了技术支持。通过船政木刻版画非遗技艺刻画藤器非遗的精细之美，让两种非遗在孩子的刀下、画中活化传承，让中华灿烂文化根植于心。

### （二）活态传承，文创焕新

习近平总书记指出："要推动中华传统文化创造性转化、创新性发展，以时代精神激活中华优秀传统文化的生命力。"彭老师的案例关注非遗学习成果的转化应用，鼓励学生将非遗版画作品转化为文创作品，如制作书签、手提袋、扇子、T恤等。这种转化不仅能促进学生创新能力的发展，让传统文化焕发出新的生命力，还能够让更多的人了解和接触到传统文化，从而增强文化自信和民族自豪感。

建议在今后的研学活动中，增加非遗项目的实践体验课程。通过动手实践，让学生了解非遗项目的工具、材料、流程、技艺等，深度体会非遗项目的材料美、工艺美、工匠美，从而达成"学习体验非遗技艺，理解非遗传承人精益求精的工匠精神"的单元大观念。

（福州市台江区教师进修学校校长助理、高级教师　郑冰心）

# "伞"亮福州，传技守艺——福州油纸伞

福州四中　郭维奇

指导教师：福州油纸伞制作技艺传承人　严磊

## 一、福州三宝之一——油纸伞

### （一）导入语

在戴望舒的诗作《雨巷》中，油纸伞、江南雨季以及一位如丁香般哀怨的女子共同构成了一幅令人陶醉的图景。诗中浪漫的景致，在往昔的福州是日常可见的风景。在那细雨蒙蒙之中，油纸伞的流动身影曾是福州街头的一大特色。然而，时至今日，油纸伞似乎只存于我们的记忆之中了。2019年，福州油纸伞制作技艺被列入第六批省级非物质文化遗产代表性项目名录。

作为"福州三宝"之一的油纸伞，其历史可追溯至千年之前。自唐至五代时期，河南人王审知率军南下，入闽建立闽国，制伞工艺随之从中原地区传入福州。福州油纸伞（图1-9）所承载的传统文化，深刻展现了福州人民的智慧与精神风貌，成为福州文化的重要象征，具有极高的地区文化价值。图1-10为福州油纸伞制作技艺传承人严磊。

图1-9　福州油纸伞　　　　图1-10　福州油纸伞制作技艺传承人严磊

## （二）油纸伞之美（图 1-11）

图 1-11　油纸伞之美

## （三）油纸伞进课堂

2016 年，福州四中艺术组结合本校悠久的惠泽山文化与福州传统民间艺术，成立了"惠泽福伞文创工作坊"，如图 1-12 所示。工作坊邀请福州油纸伞制作技艺传承人严磊担任顾问，开展福州非遗进校园系列活动，借助工作坊的平台将油纸伞制作工艺带入课堂，使其成为学校的校本课程。工作坊立足传统，面向未来，从理论到实践，指导学生制作属于自己的油纸伞，并设计油纸伞文创产品，从而帮助学生树立文化自觉与自信理念，实现传承传统文化与弘扬时代精神相统一。

图 1-12　福州四中惠泽福伞文创工作坊

## 二、课程标准研读

本单元课程基于《普通高中美术课程标准（2017 年版，2020 年修订）》模块内容要求，主要包括：①理解中华优秀传统书画和民间美术的造型语言、创作观念及文化内涵，并能将其综合运用于鉴赏过程之中。②通过对绘画作品的赏析，了解创作构思的过程和方法，运用再现、表现及象征等方式进行绘画创作的练习，将对生活的体验和认识代入创作的情境之中，表达自己的意图、思想和情感。③通过鉴赏优秀设计作品，认识视觉传达设计、产品设计和环境设计的完整设计过程，例如确定任务或主题、绘制方案、合理选材、手工制作和评价验收等，并领悟特定形式显现的功能定位与审美倾向。单元内容主要涵盖"美术鉴赏""绘画""设计"3个模块，共3课时。

## 三、单元教学目标

### （一）课程目标

基于课程标准，本单元的教学目标如下：

1. 学生能够了解福州油纸伞的历史地位、文化内涵、图案、选材和制作工艺。

2. 学生能够通过主题绘制、文创设计、活动策划等活动方式，了解福州油纸伞在美化生活方面的作用，并在实际生活中领悟传统民间工艺的独特价值，形成用创意设计的方法解决生活和学习中问题的能力。

3. 学生能够理解福州油纸伞的人文美、艺术美、自然美、科学美、创意美的审美属性，提高美术核心素养，在心里种下非遗传承的种子。

### （二）核心素养目标

1. 图像识读：能运用整体观察的方法辨析福州油纸伞的造型、色彩等形式特征。在油纸伞鉴赏活动中，能主动搜集各种资料与同学一起研究和讨论，发表自己的看法。

2. 美术表现：能运用各种工具、材料、方法和美术语言，创作有思想和文化内涵的油纸伞作品。能运用草图、照片和文字记录自己的创作过程和想法，并能用美术表现形式解决遇到的问题。

3. 审美判断：能分析、比较福州油纸伞中美的多样性和独特性，并有主见地与同学交流自己的想法。能将所学到的美术知识与技能、审美经验，用于对福州油纸伞在生活中的各种应用场景与功能进行分析和判断，美化生活与环境。

4. 创意实践：能用各种方式搜集资料和信息，运用和借鉴各类创意想法和创作手段，完善自己的创作意图。运用传统的和现代的材料、工具与方法，对福州油纸伞进行有创意的创作与设计。

5. 文化理解：能从文化角度分析和研究不同国家、民族、地域的油纸伞艺术特征。了解油纸伞与文化、继承与创新之间的关系，学会尊重并理解不同国家和民族、地域的文化内涵与含义。

### （三）学段学情特点

本单元课程基于高中美术鉴赏模块第三单元第十一课"各异的风土人情"进行拓展延伸，并融合绘画和设计模块丰富美术活动。教学对象是高中学生，他们通过初中系统的美术学习，已经掌握了一些基本的美术技能，对民间美术也有了基本的认识和鉴赏能力。然而，他们对于非物质文化遗产如何更好地传承创新，却没有系统的知识体系作为支撑。因此，本课结合学生的年龄特点和身心发展水平，采取课前研究式学习、项目式学习以及任务驱动等方法进行创新活动，培养学生的鉴赏力、创造力、共情力和感染力。力图在学生心里种下非遗传承的种子，以期非遗在接力传承中历久弥新。

## 四、单元教学任务

### （一）单元课程结构（图 1-13）

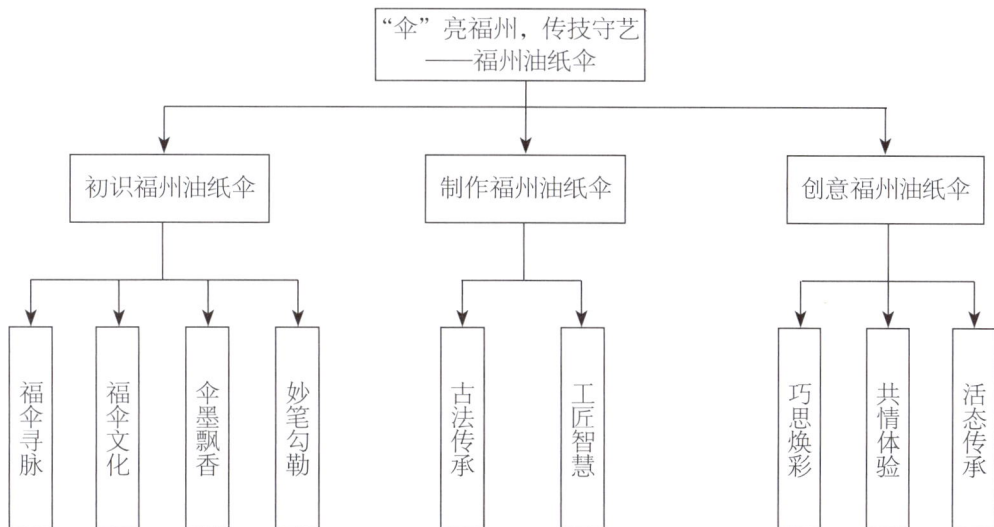

图 1-13　单元课程结构

## （二）单元结构设计（表1–5）

### 表1–5　"伞"亮福州，传技守艺——福州油纸伞

| 第一课　初识福州油纸伞 | |
| --- | --- |
| 学习任务 | 问题探究 |
| 1. 了解福州油纸伞的历史地位及意义。 | 1. 福州油纸伞是什么时候，由谁引入福州的？<br>2. 福州油纸伞对古人的意义是什么？对当代人的意义是什么？ |
| 活动1: 福伞寻脉——油纸伞的历史地位 | |

（1）课前观看微课视频，自主学习。

**微课视频**

（2）课前根据"学案单"自主探究结果，分享所了解到的福州油纸伞的历史地位。

| 福州油纸伞的历史地位探究 | |
| --- | --- |
| 油纸伞的起源 | 福州油纸伞起源于哪个时期？最早的用途是什么？ |
| 历史发展 | 在不同历史时期，油纸伞的主要变化是什么？（可以从功能、形态等方面考虑） |
| 文化意义 | 福州油纸伞在地方节庆或习俗中有什么特别的地位？它象征着什么？ |
| 重要人物或事件 | 哪些历史人物或事件与福州油纸伞相关，其对油纸伞的历史地位有什么影响？ |

| 学习任务 | 问题探究 |
| --- | --- |
| 2. 了解福州油纸伞的文化内涵。<br>3. 凝练油纸伞的人文美。 | 3. 伞外形、伞骨、伞文字、伞面形状的文化内涵各是什么？<br>4. 伴随着中华文明的不断流传，油纸伞在诗歌、神话、小说及绘画中承载了哪些意象，它们各自有何种象征意义？<br>5. 福州油纸伞所承载的历史地位与文化内涵，如何彰显其独特的美学价值？ |

### 活动2：福伞文化——油纸伞的文化内涵

（1）初步感受：为家中长辈挑选一把油纸伞，并说明原因和寓意。

（2）深入探究：分小组讨论，并填写"学案单"。

| 对古人的意义 | |
|---|---|
| 对当代人的意义 | |
| 伞外形 | |
| 伞骨 | |
| 伞文字 | |
| 伞面形状 | |

（3）伴随着中华文明的不断流传，油纸伞的背后有太多说不尽的浪漫、沧桑故事。在不同的艺术文学载体中，油纸伞有哪些象征意义呢？

| 艺术形式 | 名　　称 | 象　　征 |
|---|---|---|
| 诗歌 | | |
| 神话故事 | | |
| 小说 | | |
| 绘画 | | |

（4）福州油纸伞的历史地位和文化内涵能体现它的_____美。

| 学习任务 | 问题探究 |
|---|---|
| 4. 了解不同文化油纸伞的图案特色，凝练油纸伞的艺术美。<br>5. 学会运用多种绘画方式，在油纸伞上创造有意味的视觉形象，表达自己的意图、思想和情感。 | 6. 不同文化的油纸伞的图案有什么不同？<br>7. 油纸伞的图案可以由几部分组成？<br>8. 圆形图案的组成要素有哪些？<br>9. 你想在油纸伞上画些什么？讲述一个什么故事？<br>10. 油纸伞的图案体现了它的什么美？ |

### 活动3：伞墨飘香——油纸伞的图案特色

观察分析不同文化的油纸伞有什么不同，图案各有什么特色？体现油纸伞的什么美？

**不同文化的油纸伞（从左至右依次来自日本、泰国，土家族、傣族）**

| 活动4：妙笔勾勒——画一把有故事的油纸伞 |
| --- |

（1）小组成员分工合作，共同完成油纸伞的草图设计。

（2）课后将图案画在各小组的油纸伞上，并在伞面上写上故事。

部分学生作品　　　　　　　　　　　　　　　　活动照片

| 第二课　制作福州油纸伞 |
| --- |

| 学习任务 | 问题探究 |
| --- | --- |
| 1.了解并思考油纸伞的组成部分和制作流程，体会工匠们制作的不易和油纸伞的工艺魅力，凝练油纸伞的自然美。 | 1.看一看，油纸伞由哪些部分组成？<br>2.摸一摸，油纸伞每一部分的材质分别是什么？<br>3.闻一闻，油纸伞表面刷的是什么？材料是什么？<br>4.福州油纸伞的选材如何彰显其独特之美？ |

| 活动1：古法传承——油纸伞的制作工艺 |
| --- |

（1）游戏：请几组学生上台体验绕伞线，看看谁的速度快。

（2）课上为打乱的油纸伞制作流程重新排序。

学生活动照片

| 学习任务 | 问题探究 |
| --- | --- |
| 2. 参与其他学科或跨学科的研究性学习，解决学习、生活和工作中的问题。领略油纸伞中蕴含的工匠智慧，凝练油纸伞的科学美。 | 5. 一把标准的油纸伞需要几个批子和衬子？大小不同的油纸伞，批子的数量如何变化才能达到整个伞面受力均匀？这里蕴含着什么学科的知识？<br>6. 聪明的古人发现，只要将纸在桐油中泡一泡，就会变得防水，主要原因是什么？这里蕴含着什么学科的知识？<br>7. 油纸伞通过竹键开关的原理是什么？这里蕴含着什么学科的知识？<br>8. 我们还能发现油纸伞里蕴含着什么学科的知识？<br>9. 福州油纸伞的制作工艺能体现它什么美？ |

### 活动 2：工匠智慧——油纸伞上的小秘密

让学生近距离观察触碰油纸伞，并查找学习包里的资料，分小组讨论"学案单"中的问题。

| 学科 | 如何体现 | 原理 |
| --- | --- | --- |
|  |  |  |
|  |  |  |
|  |  |  |

### 第三课 创意福州油纸伞

| 学习任务 | 问题探究 |
| --- | --- |
| 1. 课前通过市场调研发现油纸伞的发展瓶颈，综合考虑功能与适用、经济与美观、生态与环保，以及使用者的个人因素；按照产品设计的程序和方法，学习以手绘、计算机效果图或制作模型等方式完成产品创意设计，并辅以对功能的文字说明；从油纸伞的自然美、科学美中感受油纸伞的创意美。 | 1. 你设计的文创作品里福州油纸伞的元素体现在哪里？（如制作技艺、文化、材质等）<br>2. 你设计的文创作品的功能是什么？（如灯具、文具、服装、景观等）<br>3. 你设计的文创作品的造型有什么特点？（如对称与均衡、节奏与韵律、不规则形等）<br>4. 你设计的文创作品适合什么人群？（如不同年龄、职业、性别等）<br>5. 你在设计过程中遇到过什么困难吗？解决方案是什么？ |

| 活动 1: 巧思焕彩——油纸伞文创设计 |
|---|

（1）市场调研（课前做一个网络问卷调查）。

如①你对油纸伞了解吗；②是否支持油纸伞文创产品开发；③喜欢的油纸伞文创类型是哪种；④喜欢的油纸伞文创风格是……

（2）利用油纸伞的自然美和科学美，绘制油纸伞文创作品的效果图并附上设计说明。

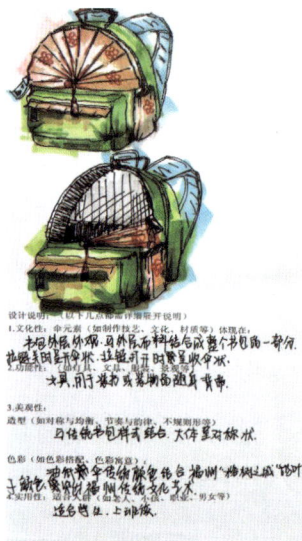

文创效果图

油纸伞文创作品

| 学习任务 | 问题探究 |
|---|---|
| 2. 在油纸伞教学中融入历史、生活和社会知识，将课程内容与生活经验紧密联系，在具体的文化情境中认识油纸伞的特征和表现形式。强调油纸伞的人文美、艺术美，感受其创意美。 | 6. 福州油纸伞能让你想起哪个中国传统节日、福州名人典故或者本校的办学理念、办学特色? |

| 活动 2: 共情体验——油纸伞文创活动策划 |
|---|

以油纸伞为元素，强调油纸伞的人文性和艺术性，策划一场校园活动。并为本场校园活动绘制一张活动海报，阐述创作理念。

油纸伞活动海报

| 学习任务 | 问题探究 |
| --- | --- |
| 3. 课后请教当地油纸伞非遗传承人，从文化、工艺与历史的层面解读油纸伞的价值与特色，激发热爱和珍惜家乡民间美术的情感。采访路人了解油纸伞的困境，思考用新媒体传承和保护本土非遗的方法，促进对本土文化的认知与自觉，活态传承。 | 7. 你可以通过什么渠道向别人介绍油纸伞？（如微信公众号、QQ 空间、官方微博、抖音短视频、B 站、淘宝，等等） |

**活动 3: 活态传承——新媒体助力油纸伞**

（1）走访民间艺人和采访路人，进行问卷调查。例如：你觉得可以通过什么渠道传播油纸伞？（微信公众号、QQ 空间、官方微博、抖音短视频、B 站、淘宝，等等。）

（2）选定方式。

（3）制作过程（图片或视频）。

（4）遇到困难。

（5）解决困难。

（6）作品呈现。

（7）发表感想。

采访非遗传承人

## 五、单元评价设计指南（表1-6）

表1-6 单元评价设计指南

| 一级指标 | 二级指标 | 评价要素 | 分值 | 实际得分 | | |
|---|---|---|---|---|---|---|
| | | | | 自评 | 组评 | 师评 |
| 图像识读 | 对美术作品、图像、影像及其他视觉符号的观看、识别、解读。 | 我能运用整体观察的方法分析福州油纸伞的制作流程、材质特性等工艺特征。 | 5 | | | |
| | 以搜索、阅读、思考、讨论等方式，识别与解读图像的内涵和意义。 | 在油纸伞鉴赏活动中，我能主动搜集各种资料与同学一起研究和讨论，并发表自己的看法。 | 5 | | | |
| 美术表现 | 联系现实生活、结合其他学科知识，自觉运用美术表现能力解决问题。 | 我能动手体验油纸伞的制作流程，将所学到的美术知识与技能、审美经验与多学科相融合，用美术表现形式解决福州油纸伞制作中遇到的问题。 | 15 | | | |
| | 通过观察、想象、构思和表现等过程，创造有意味的视觉形象，表达自己的意图、思想和情感。 | 我能运用各种工具、材料、方法和美术语言，构思有思想和文化内涵的油纸伞作品。 | 15 | | | |
| 审美判断 | 对审美对象进行感知、评价、判断与表达。 | 我能分析、比较福州油纸伞中美的多样性、独特性和科学性，并能主动与同学交流自己的想法。 | 10 | | | |
| | 通过语言、文字和图像等方式表达自己的审美感受，用美术的方式记录生活和环境。 | 我能运用草图、照片和文字记录自己的思维过程和想法，表达对福州油纸伞的审美感受。 | 10 | | | |

| 一级指标 | 二级指标 | 评价要素 | 分值 | 实际得分 | | |
|---|---|---|---|---|---|---|
| | | | | 自评 | 组评 | 师评 |
| 创意实践 | 搜集信息，分析、思考、探究，进行创意构想。 | 我能用各种方式搜集资料和信息，运用和借鉴各类创意想法和创作手段，解密油纸伞工艺中的奥妙。 | 10 | | | |
| | 形成创新意识，运用创意思维和创造方法。 | 我能用传统的和现代的材料、工具与方法对福州油纸伞进行有创意的创作与设计。 | 10 | | | |
| 文化理解 | 逐步形成从文化的角度观察和理解美术作品、美术现象和观念的习惯。 | 我能从文化角度分析和研究不同国家、民族、地域的油纸伞的艺术特征。 | 10 | | | |
| | 尊重手工艺人及其创造成果，以及他们对人类文化的贡献。 | 体会传统手工艺人的智慧与伞的神奇。理解油纸伞能工巧匠的技艺之美。 | 10 | | | |
| 自评分数 | | 组评分数 | | 师评分数 | | |
| 教师建议 | | | | | | |

## 六、专家点评

郭维奇老师的"'伞'亮福州，传技守艺——福州油纸伞"大单元案例设计，基于湘版高中美术鉴赏模块第三单元第十一课"各异的风土人情"进行拓展延伸。该设计围绕"活态传承有助于民间美术的发展"这一单元大观念进行构建，通过基本问题、小问题贯穿整个教学单元，统领各个教学环节。立足学生提升美术核心素养，全面多元科学评价，凸显课程育人功能。

## （一）学科融合，"伞"现创意

郭老师在福伞文化传承的基础上，结合传统工艺和现代设计理念，寻求科学、技术、艺术的融合，指导学生设计并制作油纸伞文创产品。这个过程不仅让学生更好地了解了油纸伞文化与传统工艺，还促使他们调动跨学科知识来进行艺术再创作和再设计，极大地激活了他们的创意灵感。

## （二）共情体验，活动策划

郭老师强调油纸伞的人文美特性，通过共情体验，多方位让学生感受油纸伞文化。引导学生在课前通过问卷调查、走访民间艺人等方式，将油纸伞与青年一代喜闻乐见的形式相结合，扩大受众，吸引眼球，延伸油纸伞的内涵，在数字时代保护和传承油纸伞这一非物质文化遗产。

## （三）多元评价，及时反馈

郭老师的大单元教学采用多元化评价方式，基于美术核心素养，立足新课程标准，关注学生的学习态度、过程和成果，全面评估学生的非遗学习水平。通过及时的评价和反馈，教师可以了解学生的学习情况和需求，及时调整教学策略和方法，做到备、教、学、评的一致性；而学生也可以及时了解自己的学习成果和不足之处，明确改进方向。

建议在今后的课程中，郭老师可以结合当下热点和最新技术，鼓励学生将非遗元素和现代科技相结合，创造出更多元的非遗文化成果，达到理解"活态传承有助于民间美术的发展"大观念的最终目标。

（福州教育研究院正高级教师　谢赠生）

# 闽韵流传，乐动心弦——福州十番

福州金山中学　陈媛

指导教师：福州十番区级传承人　王增鑫

## 一、福州十番

### （一）导入语

福州是一座有着 2200 多年历史的文化名城，历来文化昌盛、艺术繁荣。至今，福州仍保留着丰富的音乐文化遗产。其中，福州十番是历史积淀深厚、传播广泛且最具代表性的民间器乐形式。福州十番从民俗活动中产生，又在民俗活动中不断发展并广泛应用，表达了福州人民的生活和审美需求，是福州地区民俗文化的重要标志之一。福州十番产生于元代以前，明清时期已初具规模，历经三次发展高峰，并保留至今。2006 年 5 月，福州十番被列入第一批国家级非物质文化遗产名录。福州十番曲牌丰富，演奏乐器形制古老独特，演奏手法富有特色。其音乐慢如小桥流水，婉转悠扬；快似电闪雷鸣，高亢激越。它既粗犷热烈，又不失优雅抒情，具有南北民间音乐风格交融的特征。其演奏场景如图 1–14、图 1–15 所示。

图 1–14　福州十番（1）

图 1–15　福州十番（2）

## （二）十番之美（图 1-16）

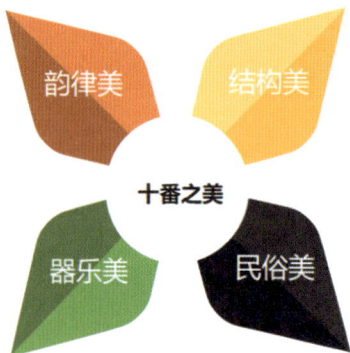

图 1-16　十番之美

## 二、课程标准研读

本单元课程基于《义务教育艺术课程标准（2022 年版）》第三学段（6~7 年级）音乐学科目标，主要包括：①加深对音乐感性特征和审美特质的感知、体验与理解，提高音乐欣赏和评述能力；②乐于参与多种与音乐相关的艺术表现活动，展现自己的个性化理解和创意，在实践中增强交流与合作能力；③能选用合适的音乐作品表达自己的情绪，编创与展示简单的音乐作品，具有一定的想象力和创造力；④理解中国音乐文化中的中华美育精神和民族审美特质，增强文化自信；⑤能从文化的角度理解音乐与姊妹艺术、其他学科，以及生活、社会等的广泛联系，对社会生活和文化中的音乐现象有自己的想法。单元内容涵盖欣赏、表现、创造、联系 4 类艺术实践，共 3 课时。

## 三、单元教学目标

### （一）课程目标

基于课程标准，本单元的教学目标如下：

1. 学生能通过分析、比较、评述等学习形式，了解福州十番的艺术特征和文化内涵。

2. 学生能积极参与实践活动，认识福州十番的主要乐器，体验十番打击乐器的演奏技巧，尝试进行打击乐合奏。

3. 学生能理解福州十番的艺术价值、文化价值和社会价值，并根据自己的理解开展创意表演活动。

**（二）核心素养目标**

1. 审美感知：能通过分析、比较、演唱、演奏等学习形式感受福州十番的艺术特征；通过念、奏十番锣鼓经，体验福州十番的独特韵味。

2. 艺术表现：能通过念、奏等方式表现福州十番锣鼓段；能编创符合情境的十番锣鼓经。

3. 创意实践：能综合运用多学科知识，用传统和现代相融合的表现方式围绕福州十番开展创意节目展示活动。

4. 文化理解：能从文化、民俗角度分析福州十番的艺术特征，了解十番与文化、继承与创新之间的关系，学会尊重并理解不同地域的文化内涵与含义。

**（三）学段学情特点**

本单元课程系根据人教版（旧版）《音乐》教材七年级下册中的"神州音韵"内容设计，是在活用和巧用教材的基础上拓展的非遗课程。课程围绕民间器乐形式与福州十番构建了一个层层递进的、具有地方特色的民族器乐学习单元。学生在之前的学习中，已经认识了民族乐器，了解了民族器乐曲中常用的音乐发展手法以及丰富的文化、情感内涵，也感受了不同地区因历史、环境、风俗文化的不同而形成的不同风格的民族音乐和民族音乐形式，为本课程的学习打下了坚实的基础。但是，大部分学生对本地特色的民间器乐形式——福州十番还不了解，对其艺术特色、乐器制作工艺和文化价值等都缺乏认知。因此，本课程旨在引导学生深入地了解、欣赏并实践福州十番的技艺，从而增强对地方特色非遗文化的认识和重视。

## 四、单元教学任务

### （一）单元课程结构（图 1-17）

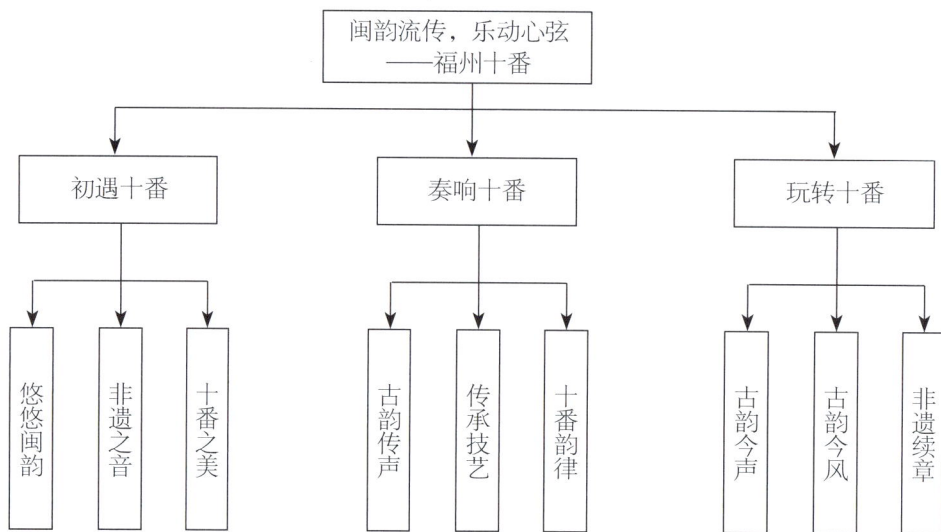

图 1-17　单元课程结构

### （二）单元结构设计（表 1-7）

表 1-7　闽韵流传，乐动心弦——福州十番

| 第一课　初遇十番 | |
| --- | --- |
| 学习任务 | 问题探究 |
| 1. 了解福州十番的音乐形式。 | 1. 观察图片，观看十番演奏视频，说说十番乐队中有哪些种类的乐器。<br>2. 与江南丝竹的音乐形式对比，福州十番有何不同？<br>3. 福州十番的器乐形式有哪些特点？ |

续表

## 活动1：悠悠闽韵——了解福州十番的音乐形式

（1）欣赏江南丝竹和福州十番片段，对比两者音乐形式的不同。

福州十番视频

（2）了解福州十番的演变过程和音乐形式的特点，并完成学案。

| 福州十番的历史和体裁形式 | |
| --- | --- |
| 起源时间、地点 | |
| 盛行时期 | |
| 当代发展 | |
| 音乐形式 | |

| 学习任务 | 问题探究 |
| --- | --- |
| 2. 认识福州十番的主要乐器，了解乐器的外形、音色特点，描述乐器的外形特点和演奏姿势。 | 4. 听辨乐曲中使用了哪些乐器，音色有什么特点？ |

## 活动2：非遗之音——认识福州十番的乐器

（1）聆听乐曲《一枝花》，听辨使用乐器的音色特点。

（2）观察图片或乐器实物，描述乐器的外形。了解演奏姿势，完成学案。

十番乐曲《一枝花》音频

**从左至右、从上至下依次是斗管、双清、椰胡、狼杖、云锣、大小锣、大小钹**

| 乐器名称 | 音色特点 | 形　　制 | 演奏姿势 |
| --- | --- | --- | --- |
| 斗管 | | | |
| 双清 | | | |
| 椰胡 | | | |
| 狼杖 | | | |
| 云锣 | | | |
| 大小锣 | | | |
| 大小钹 | | | |

| 学习任务 | 问题探究 |
|---|---|
| 3. 感受福州十番的艺术特征。 | 5. 乐曲的速度有什么变化？<br>6. 乐曲的旋律、节奏有什么特点？<br>7. 为什么会有这样的音乐特点？ |

### 活动 3：十番之美——感受福州十番的艺术特征

（1）聆听福州十番《雁来云》，击打节拍，感受速度的变化。

（2）聆听片段，画出与乐曲节奏特点相符的图形，并在乐谱上标记重音位置。

（3）哼唱旋律，找出主干音，了解十番的常用调式。

（4）再唱旋律，找出旋律进行的音程特点。

（5）再次聆听，跟随乐曲边唱旋律边踏步前行，模拟十番乐队行奏的场面。

福州十番《雁来云》乐谱　　　　　福州十番《雁来云》音频

### 第二课　奏响十番

| 学习任务 | 问题探究 |
|---|---|
| 1. 体验福州十番锣鼓经，感受方言特色。 | 1. 福州十番锣鼓经的读音音调有什么特点？<br>2. 你可以用什么标记记录字谱的发音？ |

**活动 1：古韵传声——体验福州十番锣鼓经**

（1）初读：按节奏读准十番锣鼓经。

（2）再读：根据方言发音的音标读熟锣鼓经。

| ∨ | — | | — | — | ∨ | — | — | | — | — | ∨ | ＼ | |
|---|---|---|---|---|---|---|---|---|---|---|---|---|---|
| tang | den | qi | den | den | tang | den | den | qi | den | den | tang | dei | qi | dei |
| 他 | 登 | 矢 | 登 | 登 | 他 | 登· | 登 | 矢 | 登 | 登 | 他 | 页 | 矢 | 页 |

| qi | ＼ | qi | ＼ | qi | ∨ | qi | ∨ | ∨ | | | ∨ | ＼ | qi | ＼ |
|---|---|---|---|---|---|---|---|---|---|---|---|---|---|---|
| dei | qi | dei | qi | tang | qi | tang | dai | | dai | tang | dei | qi | dei | dai |
| 矢 页 | 矢 页 | 矢 他 | 矢 他 | 得· | 得 | 他· 页 | 矢 页 | 得 | 0 |

福州十番锣鼓经字谱

学生练习演唱十番锣鼓经　　　　　　学生练习十番锣鼓经视频

| 学习任务 | 问题探究 |
|---|---|
| 2. 了解十番锣鼓经的字谱所代表的乐器。<br>3. 体验十番打击乐器的演奏技巧。 | 3. 锣鼓经中的字谱分别代表哪些乐器，或是哪种演奏技法？<br>4. 字谱的读音与演奏技法、音色有何关联？ |

**活动 2：传承技艺——体验福州十番锣鼓**

（1）填写学案，了解十番锣鼓经字谱所代表的乐器及其演奏方式。

| 他 | 登 | 页 | 得 | 矢 | 同 | 南 | 山 | 宁 |
|---|---|---|---|---|---|---|---|---|
|  |  |  |  |  |  |  |  |  |

（2）练习十番打击乐器。

| 学习任务 | 问题探究 |
|---|---|
| 4. 通过十番锣鼓段合奏实践活动，体验福州十番的演奏技艺和音乐风格。 | 5. 在演奏中如何做好乐器间的配合？<br>6. 演奏难点在哪几个小节？ |

### 活动3：十番韵律——福州十番锣鼓合奏

以小组合作的形式，完成锣鼓段合奏。

**锣鼓合奏乐谱**

学生练习十番锣鼓段合奏

学生练习十番锣鼓段合奏视频

### 第三课　玩转十番

| 学习任务 | 问题探究 |
|---|---|
| 1. 为福州传统民间活动"游神"编创一段十番锣鼓经。 | 1. 如何利用乐器的音色设计出符合"游神"情境的锣鼓经？<br>2. 什么样的节奏最适合乐队在"游神"时演奏？ |

---

**活动 1：古韵今声——编创十番锣鼓经**

以小组合作的形式，为福州传统民间活动"游神"编创一段十番锣鼓经。

①讨论：使用哪些乐器？

②实践：尝试演奏并修改。

③用十番锣鼓经字谱记录下小组编创的节奏，并标注出读音。

学生编创的十番锣鼓经

| 学习任务 | 问题探究 |
|---|---|
| 2. 理解福州十番的文化、民俗和社会价值。<br>3. 了解福州十番的创新和发展。 | 3. 从"福州十番乐团海外演出"这一事例中，你有什么感受？<br>4. 为什么福州十番能成为第一批国家级非物质文化遗产？ |

---

**活动 2：古韵今风——了解福州十番的创新和发展**

（1）结合"福州十番乐团海外演出"事例，讨论福州十番的文化、民俗和社会价值。

（2）欣赏视频，了解福州十番的创新和发展。

福州十番创新发展的作品视频《遇见十番》

| 学习任务 | 问题探究 |
|---|---|
| 4. 归纳福州十番的特征元素。<br>5. 结合所学所感，开展创意实践表演活动。 | 5. 如何将福州十番的元素融入福州文旅宣传中？<br>6. 创意表演需要做哪些准备？ |

续表

| 活动 3：非遗续章——编创福州十番节目 |
|---|
| （1）回顾本单元的学习内容，归纳福州十番的艺术特征。<br>（2）小组讨论：如何将福州十番元素融入福州文旅宣传的节目中？<br>①讨论节目的形式。<br>②讨论节目所需的人员、乐器、道具、服装、音频视频资料等。<br>③初拟节目策划方案。<br>（3）课后作业：完成节目策划方案，并将创意节目录制成视频分享在班级群中。 |

## 五、单元评价设计指南（表1-8）

表 1-8　单元评价设计指南

| 评价内容及分值（1~5分） | | 评价方式 | |
|---|---|---|---|
| | | 教师评价 | 学生自评 |
| 审美感知 | 能主动聆听，积极思考；能感知并描述福州十番音乐要素的特征。 | | |
| | 能够通过观察、聆听来辨识福州十番的主要乐器，了解它们的特点。 | | |
| 艺术表现 | 能识读十番锣鼓经，并按照锣鼓经进行合奏。 | | |
| | 能在团队协作中编创十番锣鼓经，并正确运用锣鼓经记录小组的创作。 | | |
| 创意实践 | 能选择与福州十番相关的音乐素材，在创作中发挥想象力，展现个人风格和创意，恰当地表达情感和意境。 | | |
| | 能通过综合性艺术表演展示创造性的演绎与表达能力。 | | |

| 评价内容及分值（1~5分） | | 评价方式 | |
|---|---|---|---|
| | | 教师评价 | 学生自评 |
| 文化理解 | 能从文化角度阐述福州十番作品的形态、内涵和地域特征。 | | |
| | 能理解福州十番的精神文化、民俗文化和社会文化，感受中华民族非物质文化遗产的独特艺术魅力。 | | |

## 六、专家点评

陈媛老师的音乐课"闽韵流传，乐动心弦——福州十番"是基于人教版（旧版）《音乐》教材七年级下册第四单元"神州音韵"教学内容的拓展，结合本地非遗音乐文化形成的大单元教学案例。该单元以独具地方特色的民间器乐体裁——福州十番为主题，将非遗文化与音乐课堂教学相结合，凸显非遗音乐文化的育人价值。通过丰富多元的教学体验，师生不仅有效地保护和传承了福州十番音乐文化，还树立了民族文化自信的意识，拓宽了文化传播的广度。这使得福州十番音乐在新时代的多元教学行动中焕发出勃勃生机，持续彰显民族文化的魅力。

### （一）聚焦核心素养，构建融合课堂

本单元的教学设计聚焦审美感知、艺术表现、创意实践、文化理解等艺术核心素养，引导学生积极参与各种艺术实践活动，学习福州十番音乐的体裁形式、艺术特征、代表作品、演奏技艺等。通过跨学科融合，学生可以了解福州十番相关的历史、地理、人文等学科知识，理解其文化内涵。在实践活动中培养学生解决现实情境复杂问题的能力，构建以学生为中心、多元互动且富有深度内涵的活力课堂。

### （二）坚持以美育人，注重实践体验

实践是连接学生与非遗文化的桥梁。陈老师通过创设"游神""文旅宣传"等贴近生活的课堂情境，并结合唱旋律、画图谱、读锣鼓经、小组合奏、编创锣鼓经、编创节目等有趣的艺术实践活动，让学生在欣赏美、感受美、表现美、创造美

的过程中，发生了知识—技能—能力—素养的变化，从而达成了美育浸润课堂的育人目标。

**（三）实施多元评价，促进全面发展**

陈老师的大单元教学融评与教，通过评价主体、评价内容和评价方法 3 个维度实现多元评价。在教学过程中，教师、学生从全面、立体的视角出发，对学生的学习能力、思考能力、创作能力、审美能力和学习成果进行评价，及时、准确地反馈了学生的综合素质和潜能，为诊断教学有效性提供了科学的依据。

建议在今后开展非遗文化融入音乐教学时，在内容、方法、形式上注重创新，加大推广辐射，从课内延伸至课外，邀请非遗传承人、研究学者进入校园助力教学。学生也可以开展各种社会实践调研，切身感受非遗文化，让教学真正实现知行合一。同时结合数字化教学辅助，如建立数字化资源库、搭建数字化展示平台、利用数字赋能评价等提高教学实效。

（福州教育研究院艺体科主任、中学音乐教研员、高级教师　王艳红）

# 一曲平讲润童心——遇见福安平讲戏

福安市溪北洋新区第一小学　李淋靓

指导教师：三级演员　福安市平讲戏传承人　袁石明

## 一、闽东梨园之光——福安平讲戏

### （一）导入语

　　漫步于福安的街头巷尾，你定会被那充满地方特色的动人戏腔所吸引。随着声音的指引，你会看到台上演员们唱、念、做、打样样精通，檀板敲击与笙歌相和，音韵悠长，而观众也乐在其中。观众只需携带自己的板凳，便能沉浸在戏曲的世界中，享受一整天的欢乐。据《福安县志》记载："无钱扮戏，何暇纳粮？故多以竞戏相轧。"可见，闽东地区自古以来对戏曲的热爱程度非同一般。在戏曲的传承、发展与创新过程中，福安"平讲戏"历经500年仍广受欢迎。该戏曲形式以福安方言演唱，语言通俗易懂，风格平实如同日常对话，故得名"平讲戏"。作为闽东地区最具代表性的地方剧种，平讲戏是以地方方言演唱的高腔剧种，在国内仅见于福建省。平讲戏的表演，不因观众背景的不同而有所保留，始终以其质朴、真挚的艺术风格打动每一位观众。2014年，深受人民喜爱的福安"平讲戏"被列入第四批国家级非物质文化遗产名录。图1-18为福安平讲戏《拾玉镯》，图1-19为福安平讲戏《马匹卜驳妻》，图1-20为《国家宝藏》录制剧照。

图 1-18　福安平讲戏《拾玉镯》

图 1-19　福安平讲戏《马匹卜驳妻》

图 1-20　《马匹卜驳妻》代表华东地区应邀参加央视《国家宝藏》录制剧照

## （二）平讲戏之美（图 1-21）

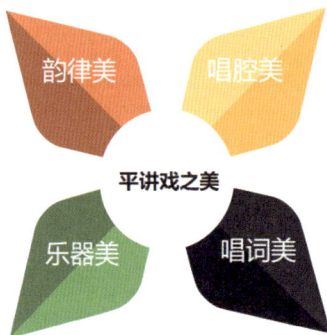

图 1-21　平讲戏之美

## （三）平讲戏进课堂

平讲戏（福安市）是闽剧的三大源头之一，是我国戏曲艺术中独具特色的传统文化遗产，目前已成为濒危剧种。因此，本土非遗艺术文化教育具有重要的传承价值，我们作为音乐教师要责无旁贷地将本土音乐文化传承下去。我们应充分利用本土资源，加强本土戏曲文化进课堂，使学生加深对本土文化的认识、理解，培养学生热爱民族音乐文化的感情，增进对本土非遗的自豪感和自信心。

## 二、课程标准研读

本单元课程基于《义务教育艺术课程标准（2022 年版）》第二学段（3～5 年级）音乐学科目标，主要包括：①具有丰富的音乐情绪与情感体验，在与音乐作品的情感共鸣中焕发爱党、爱国、爱社会主义的情感，具有乐观的态度以及对美好事物的关爱之情；感知、体验、了解音乐的感性特征和审美特质，养成良好的欣赏习惯，能对音乐作品和音乐活动进行简单评价；增强对音乐的兴趣。②能自信、自然地进行演唱、演奏、律动、音乐游戏、舞蹈、戏剧表演等艺术活动，乐于表达自己独特的感受和想法。在实践中增强规则意识、责任意识和学习意志力等，提升交流与合作能力。③对音乐保持好奇心和探究欲，能在探究、即兴表演和编创等艺术创造活动中展现个性和创意。④增进对中国音乐文化的了解和喜爱之情，了解世界多元音乐文化，开阔文化视野。⑤关注社会生活和社会文化中的音乐现象，对音乐与姊妹艺术、其他学科，以及个人、自然、生活、社会、科技的联系有初步的了解。单元内容主要涵盖"欣赏·评述""造型·表现""设计·应用""综合·探索"4 类艺术实践，共 3 课时。

## 三、单元教学目标

### （一）课程目标

基于课程标准，本单元的教学目标如下：

1. 学生能够了解戏曲的基本特征，感受本单元平讲戏的情绪、情感和艺术风格。

2. 学生能够简单演唱和表演平讲戏的片段并进行编创，提高戏曲听赏的参与度，加深对作品的理解，提高艺术表现素养。

3. 学生能够对平讲戏的传承和发展进行适当的阐述。

### （二）核心素养目标

1. 审美感知：初步了解平讲戏的风格特点，激发对"平讲戏"艺术的兴趣与热爱。

2. 艺术表现：在互动中了解，在合作中巩固，通过观、听、唱、演音乐活动，感受"平讲戏"艺术的独特魅力和特征。

3. 创意实践：能与学科融合，围绕"平讲戏"开展编创活动。

4. 文化理解：能够完整叙述平讲戏的起源、唱腔、伴奏乐器和人物行当。

### （三）学段学情特点

第二学段学生具有丰富的音乐情绪与情感体验，能自信、自然地进行演唱、演奏，乐于表达自己独特的感受和想法。他们能够关注生活中的音乐现象，联系所学知识进行描述与分析，并阐明自己的认识，另外，学生还能模唱出短小的戏曲片段，初步了解戏曲中的行当和表现形式。在实践中增进对中国音乐文化的了解和喜爱之情，具备交流与合作能力。

## 四、单元教学任务

### （一）单元课程结构（图 1-22）

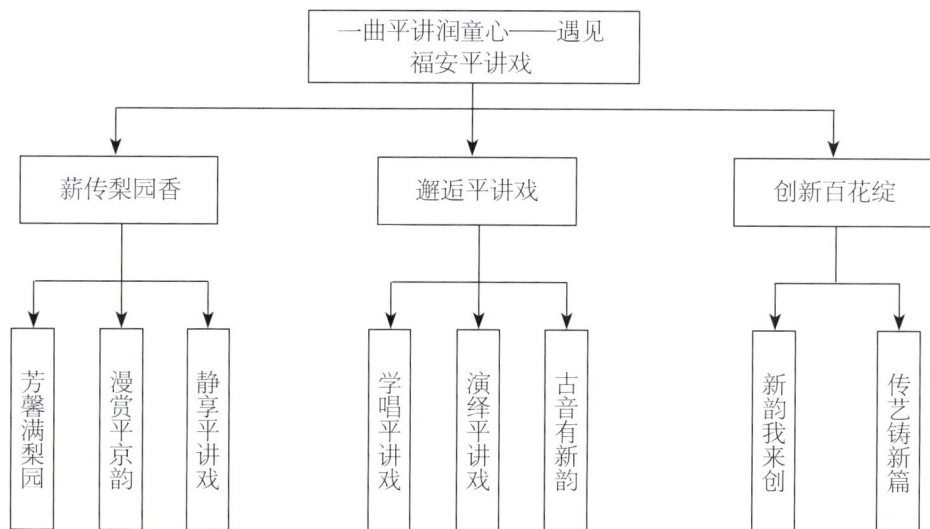

图 1-22　单元课程结构

### （二）单元结构设计（表 1-9）

表 1-9　一曲平讲润童心——遇见福安平讲戏

| 第一课　薪传梨园香 | |
| --- | --- |
| 学习任务 | 问题探究 |
| 1.通过欣赏京剧折子戏《拾玉镯》中的"以歌舞演故事"情景，感受该剧的语言美与韵律美。 | 1.欣赏京剧折子戏《拾玉镯》片段，你认为这段戏曲演绎了怎样的生活场景？<br>2.京剧折子戏《拾玉镯》片段中，人物的身段与语言有什么特点？ |

续表

### 活动 1：芳馨满梨园——戏曲艺术鉴赏

（1）欣赏京剧《拾玉镯》片段，简单表述主角演绎的内容。

京剧《拾玉镯》二维码

（2）联系真实生活情境，简单模仿《拾玉镯》片段的身段。

（3）简单阐述戏曲中身段与语言的特点。

| 学习任务 | 问题探究 |
|---|---|
| 2. 通过欣赏平讲戏《拾玉镯》，认识平讲戏，并对其剧种特点进行辨别与分析。 | 3. 比较京剧《拾玉镯》与平讲戏《拾玉镯》在语言和身段上的异同点。<br>4. 你是如何辨别出平讲戏剧种的? |

### 活动 2：漫赏平京韵——平讲戏初印象

对比欣赏两部不同剧种的《拾玉镯》，并进行阐述与分析。

①欣赏平讲戏《拾玉镯》，并辨认其剧种特点；

②对比感受平讲戏与京剧身段、语言的不同，并完成学习单。

平讲戏《拾玉镯》视频二维码

| 《拾玉镯》学习单 | | |
|---|---|---|
| | 京剧《拾玉镯》 | 平讲戏《拾玉镯》 |
| 身段特点 | | |
| 语言特点 | | |
| 器乐特点 | | |
| 唱段特点 | | |

| 学习任务 | 问题探究 |
|---|---|
| 3. 通过观看视频，介绍平讲戏，感受其韵律美、语言美和器乐美。 | 5. 什么是平讲戏？<br>6. 平讲戏的乐器有哪几种？它们是用什么制作而成的？ |

**活动3：静享平讲戏——平讲戏漫谈**

（1）观看平讲戏的介绍视频及采访视频。

介绍平讲戏视频二维码

采访视频二维码

（2）简单阐述平讲戏的特点，如语言、身段等方面。

（3）简单了解平讲戏的传统乐器。

毛鼓

鱼鼓

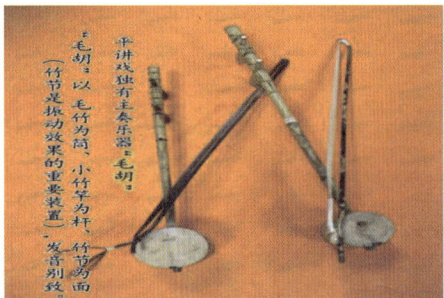

毛胡

刀鞘板

<table>
<tr><td colspan="2" align="center">第二课　邂逅平讲戏</td></tr>
<tr><td align="center">学习任务</td><td align="center">问题探究</td></tr>
<tr><td>1. 通过感受体验，学唱平讲戏，了解平讲戏的方言特点以及身段特点。</td><td>1. 平讲戏唱段《白扇诗》的曲谱有什么特点？<br>2. 你能学唱平讲戏唱段《白扇诗》吗？</td></tr>
</table>

**活动 1：学唱平讲戏——童声唱平讲戏**

（1）欣赏《白扇诗》，感受平讲戏的曲谱特点和语言特点。

《白扇诗》视频二维码

（2）尝试用方言将《白扇诗》的 4 个乐句读出。

《白扇诗》曲谱片段

（3）聆听音频，加入旋律唱一唱。

《白扇诗》音频二维码

（4）完整演唱。

（5）以一人主唱、众人帮腔的方式进行演唱。

| 学习任务 | 问题探究 |
|---|---|
| 2.通过观察模仿，完整表演《白扇诗》，体现语言美和韵律美。 | 3.你会选择哪种身段来表现一下《白扇诗》？ |

### 活动2：演绎平讲戏——儿童演平讲戏

（1）观察平讲戏《白扇诗》的身段特点并模仿学习（拉三板、兰花指、碎步等）。

拉三板

兰花指

碎步

（2）边唱边演《白扇诗》，并作出评价。

| 学习任务 | 问题探究 |
|---|---|
| 3.通过欣赏现代平讲戏，体验平讲戏的身段动作。 | 4.平讲戏《九家堡》给你带来了怎样的感受？<br>5.你会用学过的身段来表现一下平讲戏《九家堡》吗？ |

### 活动3：古音有新韵——赏现代平讲戏

欣赏现代平讲戏《九家堡》片段，感受并思考可以用怎样的身段进行表现。

《九家堡》片段视频二维码

| 第三课 创新百花绽 | |
|---|---|
| 学习任务 | 问题探究 |
| 1. 通过查阅图书图像资料，选择 1~2 个喜爱的红色革命故事进行学习创编。<br>2. 运用正确的身段来表现现代平讲戏。并且能对自己或他人的编创与表演进行简单评价。 | 1. 如果你化身为这些英雄人物，你会用平话进行自主学习吗？<br>2. 你会用学过的技巧对你喜欢的红色革命故事进行创编吗？<br>3. 你能评价自己小组或者其他小组的表演吗？依据是什么？ |

**活动 1：新韵我来创——创编红色平讲戏**

（1）将《小英雄王二小》《鸡毛信》这两个简短的革命故事，用平话进行自主学习。

① 1941 年，12 岁的放牛娃王二小加入了儿童团，为八路军和乡亲们站岗放哨。

②有一天，王二小发现日寇向村里靠近。

③王二小为保护乡亲们，把敌人引进了八路军的埋伏圈。

④敌人发现上当后杀害了王二小。

《小英雄王二小》平话音频

①有一天，儿童团长海娃帮助游击队给张家庄的八路军王连长送鸡毛信。

②海娃在路上遇到了日本兵，他急中生智，把鸡毛信绑在了一只羊的尾巴上。

③敌人在海娃身上什么都没搜到。

④海娃成功地将鸡毛信送到了王连长的手里。

《鸡毛信》平话音频

（2）用学过的身段来演绎自己喜欢的红色革命故事。

（3）各小组合作编创并进行展示评价。

续表

| 学习任务 | 问题探究 |
|---|---|
| 3.选择一个红色故事，然后用家乡的方言进行编创。<br>4.选择喜欢的器乐或者音乐背景，为红色革命故事进行编配。 | 4.如何用家乡的方言表现红色革命故事？<br>5.你会选择怎样的器乐或者音乐背景，为红色革命故事进行编配？ |
| **活动2：传艺铸新篇——演绎创编平戏** ||
| （1）选择喜欢的红色革命故事，并尝试用家乡的方言进行平讲戏的编创。<br>（2）尝试自主选择喜欢的配乐或伴奏为其编配。 ||

## 五、单元评价设计指南（表1–10）

表1–10　单元学业评价表（我是最佳小票友）

| 评价内容 | | 水　平 | 自评 | 互评 | 师评 |
|---|---|---|---|---|---|
| 审美感知<br>（薪传梨园香） | 能在理解《拾玉镯》等剧目主题的基础上，形成自己的想法，并很好地说出京剧与平讲戏在表现形式、语言和内容等方面的异同点。 | <br>三枚红勋章 | | | |
| | 能在理解《拾玉镯》等剧目主题的基础上，形成自己的想法，并基本说出京剧与平讲戏在表现形式、语言和内容等方面的异同点。 | <br>两枚蓝勋章 | | | |
| | 能在理解《拾玉镯》等剧目主题的基础上，简单说出京剧与平讲戏在表现形式、语言和内容等方面的异同点。 | <br>一枚黄勋章 | | | |

| 评 价 内 容 | | 水　平 | 自评 | 互评 | 师评 |
|---|---|---|---|---|---|
| 艺术表现（邂逅平讲戏） | 能很好地用清晰的语言和正确的方法，自然自信地演唱平讲戏《白扇诗》。了解平讲戏表演的基本动作，并积极主动地模仿出来。 | 三枚红勋章 | | | |
| | 基本上能用清晰的语言和正确的方法，自然自信地演唱平讲戏《白扇诗》。了解平讲戏表演的基本动作，并积极主动地模仿出来。 | 两枚蓝勋章 | | | |
| | 勉强能用清晰的语言和自然的声音演唱平讲戏《白扇诗》。了解平讲戏表演的基本动作并模仿出来。 | 一枚黄勋章 | | | |
| 创意实践（创新百花绽） | 能较好地根据红色革命故事，选择合适的平话音频进行自主学习。能主动自编符合所塑造角色形象的身段动作，并将其表现出来。能对自己或他人的编创与表演进行简单评价。 | 三枚红勋章 | | | |
| | 基本上能根据红色革命故事，选择合适的平话音频进行自主学习。能简单自编符合所塑造角色形象的身段动作，并将其表现出来。能对自己或他人的编创与表演进行简单评价。 | 两枚蓝勋章 | | | |
| | 勉强能根据红色革命故事，选择合适的平话音频进行自主学习，或简单自编符合所塑造角色形象的身段动作，并将其表现出来。能对自己的编创与表演进行简单评价。 | 一枚黄勋章 | | | |

续表

| | 评价内容 | 水　平 | 自评 | 互评 | 师评 |
|---|---|---|---|---|---|
| 文化理解（创戏百花绽） | 能主动学习探究，用自己家乡的语言正确表述红色革命故事，并尝试自主选择喜欢的配乐或伴奏为其编配。 | 三枚红勋章 | | | |
| | 基本能主动学习探究，用自己家乡的语言正确表述红色革命故事，并尝试自主选择喜欢的配乐或伴奏为其编配。 | 两枚蓝勋章 | | | |
| | 勉强能用自己家乡的语言正确表述红色革命故事。 | 一枚黄勋章 | | | |
| 评价说明 | 本单元学业评价设计为 3 个等级。其中，"薪传梨园香""邂逅平讲戏"为基础型，"创戏百花绽"为提升型。完成情况分别用不同颜色的勋章来表示。累积勋章最多的学生，可获得"最佳小票友"荣誉称号。 | | | | |

## 六、专家点评

　　戏曲既是新课标艺术课程的新增内容之一，也是中华优秀传统文化的重要载体。"一曲平讲润童心——遇见福安平讲戏"是以挖掘家乡本土的非遗文化"平讲戏"为主题的大单元案例，学生在学习过程中，能够运用演唱、表现、创编等方法来感悟传统文化之美。

### 1. 单元立序，注重内容整合

　　本单元教学环环相扣。教师通过"薪传梨园香""邂逅平讲戏""创戏百花绽"3 个课时，先将"京剧"与"平讲戏"进行对比，再学唱"平讲戏"《白扇诗》，了解现代"平讲戏"《九家堡》，最后融合红色故事，让学生用本土方言创编故事。这一过程充分激发了学生兴趣，给予他们多元体验。

## 2. 素养立意，凸显以生为本

本单元教学设计注重以审美为核心，鼓励学生以立体化、多感官联动的方式进行学习。学生在听、唱、动、创等多种音乐实践活动中进行比较探究和小组合作，从而主动地感受美、欣赏美、表现美，创造丰富的审美体验，获得素养的发展与提高。

（宁德市教师进修学院教研员　张婧；

福安市教师进修学校教研员　林虹）

闽南地区位于福建省的南部沿海地带，包括泉州、厦门、漳州等核心城市，以及龙海、南安、同安等县区。这里海岸线曲折多姿，港湾星罗棋布，不仅孕育了丰富的渔业资源，更是海上丝绸之路的重要起点。作为华侨文化的发祥地，闽南人凭借其开拓精神和商业智慧，走向世界各地，构建了遍布全球的华侨网络。

在这片山海交叠的土地上，非遗文化始终与自然共生共长：海洋的开放性催生了红砖雕中外合璧的装饰语言——赤陶砖面上，鱼鳞纹与伊斯兰几何纹共舞，印证着宋元刺桐港的万国商旅；港口的繁盛贸易推动了南音在庙堂礼乐与市井巷陌间的交融共生；丘陵地带的竹木资源滋养了以篾骨绢面、无骨针刺为特色的泉州花灯技艺，元宵夜万千灯影摇曳，映照出闽南人敬天法祖的虔诚与向海而生的浪漫。闽南非遗犹如三棱镜，将中原文明的厚重、海洋文化的灵动、华侨精神的开拓性，折射成斑斓的人文光谱，在红砖厝的燕尾脊上，在丝竹声的宫商调里，在花灯影的流转中，永续传唱着山海之间的文明脉动。

闽南师范大学艺术学院 副教授 陈斌

闽
南
篇

# 最恋一抹闽南红——闽南红砖雕

厦门滨水学校　胡雯静
指导教师：闽南红砖雕刻艺术家　史文沧

## 一、闽南红砖雕

### （一）导入语

在闽南，你是否有过这样的体验：一转角，一抬眼，便能望见一抹红，闽南古建筑的红！而这抹红中，又随处可见被精心雕刻的一砖一瓦、一木一石。"无雕不成屋，有刻斯为贵。"大凡闽南古建筑，都有红砖雕的身影。闽南红砖雕源于宋元，盛于明清，是国家级非遗"闽南传统民居营造技艺"的重要组成部分。2022年，"闽南红砖雕刻工艺"获批晋江市级非物质文化遗产代表性项目。工匠们运用复杂多样的雕刻技法，在红砖上雕刻图案和花纹，风格古典清雅。红砖雕大多用于古厝的重要位置，往往宾客未进门时，就能透过红砖雕了解古厝主人的审美品位和文化气质，所以红砖雕又被视为"古厝的门面"。图2-1为厦门海沧莲塘别墅红砖雕墙，图2-2为南安蔡氏古民居红砖雕。

图 2-1　厦门海沧莲塘别墅红砖雕墙

图 2-2　南安蔡氏古民居红砖雕

## （二）红砖雕之美（图2-3）

图 2-3　红砖雕之美

## （三）红砖雕进课堂

厦门，作为闽南文化的重要城市之一，拥有深厚的文化底蕴和独特的地域特色。因此，作为一种地方文化资源，将红砖雕刻技艺这一地域非遗瑰宝纳入校本课程，为学生提供了直观感受非遗之美，体验非遗的宝贵机会。学生们在亲手体验和制作过程中，不仅能够深入了解闽南文化的精髓，学习细致入微和精益求精的工匠精神，同时也树立起保护古建筑的意识，激发起对家乡、对非遗、对生活的热爱。

## 二、课程标准研读

本单元课程基于《义务教育艺术课程标准（2022年版）》第二学段（3～5年级）美术学科目标，主要包括：①能运用造型元素、形式原理和欣赏方法，欣赏、评述艺术家的作品，感受中外美术作品的魅力；②能运用传统或现代的工具、材料和媒介，创作平面、立体或动态等表现形式的美术作品，表达自己的所见所闻、所感所想，学会以视觉形象的方式与他人交流；③能利用不同的工具、材料和技能，制作传统工艺品，学习工艺师敬业、专注和精益求精的工匠精神。单元内容主要涵盖"欣赏·评述""造型·表现""设计·应用""综合·探索"4类艺术实践，共3课时。

## 三、单元教学目标

### （一）课程目标

基于课程标准，本单元的教学目标如下：

1. 学生能够了解闽南红砖雕的艺术特点、文化内涵、制作技艺及其基本雕刻技法。

2. 学生能够通过直观感受、比较分析、交流评述、实践探究等学习形式，学会欣赏与分析闽南红砖雕的艺术特色，并运用传统闽南红砖雕的制作技艺，尝试仿制一件砖雕作品。

3. 学生能够理解红砖雕刻背后的闽南古建筑文化及工匠精神。

### （二）核心素养目标

1. 审美感知：对红砖雕的形式、色彩及纹样等，进行鉴赏和审美感知。

2. 艺术表现：以红砖雕为载体，开展艺术实践。

3. 创意实践：综合运用多学科知识，围绕红砖雕开展创意实践活动。

4. 文化理解：理解以红砖雕刻为代表的闽南传统民居营造技艺的价值与文化意义。

### （三）学段学情特点

本单元课程系根据浙美版《美术》四年级上册教材"砖石上的雕刻"内容设计，是在活用教材、巧用教材的基础上拓展的非遗课程。课程围绕四年级上册第三课"墙"与第四课"家乡的古塔"构建了一个层层递进的雕刻学习单元。虽然学生通过"彩泥世界快乐多""立体的画面"等课程对雕刻的基本概念和技术有了初步了解，为本课程的学习打下了坚实的基础，然而大部分学生对闽南红砖雕的了解尚显不足，对其艺术特色、文化价值及背后深厚的文化内涵和制作工艺缺乏深入的认识。因此，本课程旨在引导学生更深入地了解和欣赏闽南红砖雕，从而增强对本地非遗文化的认识和重视。

## 四、单元教学任务

### （一）单元课程结构（图 2-4）

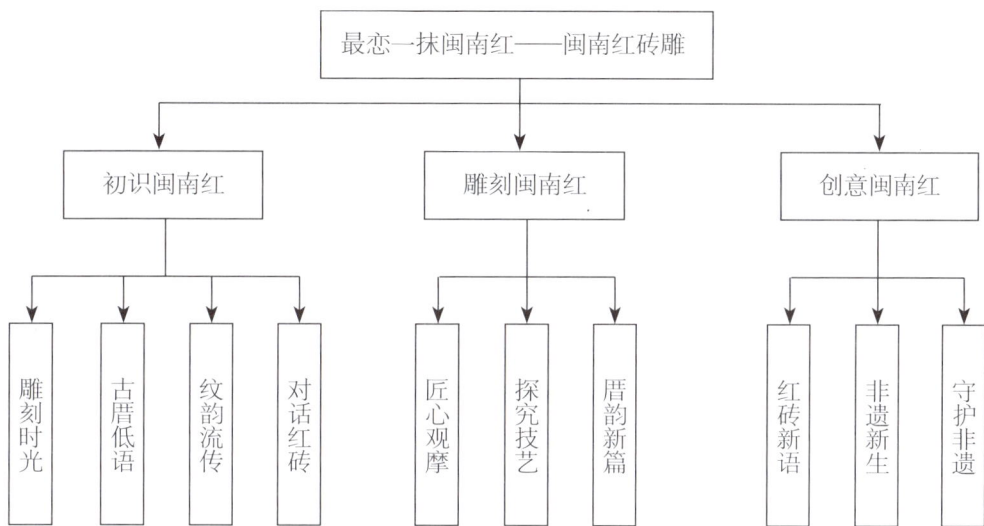

图 2-4　单元课程结构

### （二）单元结构设计（表 2-1）

表 2-1　最恋一抹闽南红——　闽南红砖雕

| 第一课　初识闽南红 | |
| --- | --- |
| 学习任务 | 问题探究 |
| 1. 课前研学：课前通过以下途径完成走访调查，了解闽南红砖雕的历史、现状及其艺术价值。调查途径：（1）实地调查（厦门海沧莲塘别墅、新阳古建筑等地）；（2）厦门图书馆；（3）各类博物馆（如厦门市博物馆或者闽台民俗展馆）；（4）网络（查阅闽南古厝红砖雕的相关知识）；（5）观看老师提供的参观视频。<br>2. 了解闽南红砖雕的艺术价值和现状。 | 1. 什么是砖雕？我们的周围是否有砖雕？<br>2. 为何闽南红砖雕被誉为"古厝的门面"？其现状究竟如何？它又承载着怎样的艺术价值？ |

| 活动1：雕刻时光——古今雕刻艺术 |
|---|

（1）课前观看微课视频，并进行自主学习。

走访红砖雕技艺传承人（任务探究记录表）

学校：　　　　　班级：　　　　　小组成员：

| 走访主题 | |
|---|---|
| 走访地点 | |
| 走访时间 | |
| 走访目的 | |
| 采访问题 | 例如：闽南红砖雕的制作步骤？ |
| 分工安排 | 采访人：<br>记录人：<br>拍摄人： |
| 调查结果及反思 | 闽南红砖雕的艺术特点？闽南红砖雕技艺的传承遇到什么困难？ |
| 体验与收获 | 体验完红砖雕刻，你有什么收获和体会？ |

微课视频

（2）实地走访考察和网络搜集相关资料并进行整理，完成《走访红砖雕技艺传承人任务探究记录表》，并在课上交流、反馈。

学生走访红砖雕刻传承人，体验红砖雕刻

学生汇报课前调查成果

| 学习任务 | 问题探究 |
|---|---|
| 3. 了解雕塑的分类。<br>4. 了解闽南红砖雕的基本艺术特征，感受闽南红砖雕的色彩、材质和样式之美。 | 3. 圆雕和浮雕有什么不同？闽南红砖雕属于圆雕还是浮雕？<br>4. 相比其他地区砖石雕刻，闽南红砖雕的特殊之处是什么？<br>5. 闽南红砖雕为什么是红色的？ |

## 活动2：古厝低语——红砖雕鉴赏

对比探究，完成《砖雕对比探究学习任务单》，了解红砖雕的色彩和材质特点。

### 砖雕对比探究学习任务单

对比探究：闽南红砖雕和北京砖雕的相同点和不同点？

闽南红砖雕　　北京砖雕

| 体系（流派）<br>色彩 | 闽南红砖雕（南方） | 北京砖雕（北方） |
|---|---|---|
| 雕刻形式<br>(选择符合人为的打√) | 浮雕（　）、圆雕（　） | 浮雕（　）、圆雕（　） |
| 风格 | | |

| 学习任务 | 问题探究 |
|---|---|
| 5. 观看厦门海沧莲塘别墅红砖雕的视频，欣赏闽南红砖雕中常见的纹样，了解其寓意，感受红砖雕的纹样之美。 | 6. 闽南红砖雕常见的纹样有哪些？<br>7. 红砖雕的纹样美在哪？有什么寓意？ |

## 活动3：纹韵流传——解码闽南红砖纹样

（1）观看厦门海沧莲塘别墅红砖雕的视频。

（2）列举具有代表性的闽南红砖雕纹样，学习其背后的美好寓意和象征，并完成以下测试。你知道下图闽南红砖雕图案的寓意吗？（　　　　）

红砖雕荷花纹样（局部）

厦门海沧莲塘别墅
红砖雕视频

A. 万事如意　　　　　B. 和和美美　　　　　C. 年年有余

续表

| 学习任务 | 问题探究 |
|---|---|
| 6. 撰写《闽南红砖雕鉴赏报告》。 | 8. 闽南红砖雕有什么艺术特点和美学价值？ |

**活动 4：对话红砖——为红砖雕发声**

（1）从纹样、寓意、技艺和色彩等方面欣赏并讨论闽南红砖雕的艺术特点和美学价值。

（2）学习四步鉴赏法，通过所学知识结合对闽南红砖雕的了解，完成《闽南红砖雕鉴赏报告》。

**闽南红砖雕鉴赏报告**

| 闽南红砖雕鉴赏报告 | | | | |
|---|---|---|---|---|
| 在右侧方框内画一画你喜欢的闽南红砖雕（或者拍摄照片并贴于右侧方框内） | | | 基本信息<br><br>地点： | |
| 用四步鉴赏法分析你喜欢的闽南红砖雕。 | 描述：你看到的红砖雕上有什么图案？ | 分析：从纹样、寓意、技艺、色彩等方面分析其艺术特点。 | 解释：为什么闽南红砖雕有这样的特点？ | 评价：你喜欢这件闽南红砖雕作品吗？为什么？ |

**第二课　雕刻闽南红**

| 学习任务 | 问题探究 |
|---|---|
| 1. 探究学习：了解闽南红砖雕的制作工具和制作步骤。（挑砖、泡砖、描画、雕刻、打磨、填灰）<br><br>2. 体验红砖雕刻，感受红砖雕刻技艺之美。学习砖雕匠人坚持不懈、精益求精的工匠精神。 | 1. 红砖雕刻用到的工具有哪些？有哪几道工序？<br>2. 在红砖雕制作中，哪个步骤对作品的美观和质感最为重要？<br>3. 红砖雕刻技艺之美体现在哪些方面？（刀具选择、力度轻重、速度快慢、情感融入）<br>4. 砖雕工匠们身上的哪些精神值得我们学习？<br>5. 生活中哪些材料能替代红砖，并且适合小学生雕刻？ |

| 活动1：匠心观摩——红砖制造纪实 |
| --- |

（1）体验红砖雕刻：学习红砖雕制作技艺的工序，完成小测试，学习砖雕工匠们身上的精神。

（2）寻找替代材料：思考并找寻生活中能替代红砖，并且适合小学生雕刻的材料。

学生在课堂上体验红砖雕

| 学习任务 | 问题探究 |
| --- | --- |
| 3. 结合传统纹样的特点，尝试临刻小块橡皮章雕，学习并掌握正确的雕刻方法。 | 6. 在雕刻过程中，哪些要刻掉，哪些要保留？<br>7. 所选择的纹样，哪部分易雕刻，哪部分不易雕刻？为什么？<br>8. 如何才能雕刻出优美流畅的线条？ |

| 活动2：探究技艺——雕刻技艺初体验 |
| --- |

学生1分钟初次尝试

学生再次尝试雕刻

全班同学1分钟
初次尝试作品展示

（1）初次尝试：在1分钟内选择喜欢的纹样进行雕刻，发现并提出雕刻中遇到的困难。

（2）教师示范，学生再次尝试：掌握正确使用刀具的方法，学会控制力度和方向。

| 学习任务 | 问题探究 |
|---|---|
| 4. 通过雕刻橡皮章的课堂实践，体验雕刻技艺。 | 9. 在制作橡皮章红砖雕时，你是如何应对难以雕刻的部分的？ |

### 活动 3：厝韵新篇——为古厝添砖加瓦

观看微课制作视频，学习闽南红砖雕技艺；运用所学的雕刻技法，为古厝修复工程制作一件精美的"红砖雕"作品。

微课视频

要求：①安全使用刻刀；②选择合适的刀具；③作品刻制完整；④雕刻细致精美。

### 第三课　创意闽南红

| 学习任务 | 问题探究 |
|---|---|
| 1. 了解文创产品及其设计方法。 | 1. 什么是文创产品？<br>2. 在现代建筑或生活中，如何展现红砖雕的新魅力？ |

### 活动 1：红砖新语——古韵今风

（1）了解什么是文创，欣赏闽南红砖雕文创产品，学习文创产品的设计方法。

闽南红砖雕艺术家史文沧作品

（2）结合已有的红砖雕文创产品，讨论并思考文创产品的创新设计方案。

| 学习任务 | 问题探究 |
|---|---|
| 2. 结合闽南红砖雕的基本特征，开展个性化的创意设计。 | 3. 生活中哪些物品可以用红砖雕元素来设计？ |

### 活动 2：非遗新生——我的红砖雕设计

（1）学生们尝试将红砖雕艺术融入生活情境，搜集并借鉴相关文创产品案例，进行头脑风暴，合作设计感兴趣的红砖雕文创产品，绘制设计草图，完成《闽南红砖雕文创产品视觉报告》。

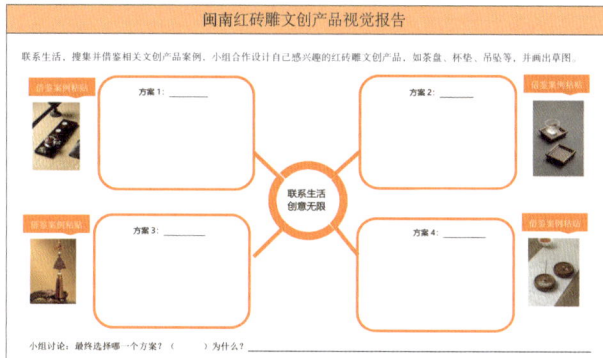

闽南红砖雕文创产品视觉报告

（2）小组讨论、相互交流，评选出最具创意的文创视觉报告，并提出修改意见。

（3）修改完善设计草图，填写设计说明并尝试制作。

闽南红砖雕文创产品设计图

学生设计的红砖雕文创产品

| 学习任务 | 问题探究 |
|---|---|
| 3.制订可行的展览计划书，积极参与策展和布展活动。 | 4.如何展示闽南红砖雕作品？<br>5.如何更好地向大家宣传，共同保护和传承我们的红砖雕刻技艺和古建筑？<br>6.如何在传承闽南红砖雕刻技艺的基础上进行创新，让红砖雕刻技艺大放异彩？ |

### 活动3：守护非遗——展出"花"样

（1）组员讨论具体的展示方案和展览形式。根据个人特长进行分工，最终制订完成《展览策划书》。

展览策划书

| 展览策划书 | | |
|---|---|---|
| 展览主题 | | |
| 展览地点、时间 | | |
| 布展时间 | | |
| 拟邀请人员 | | |
| 布展所需物品 | | |
| 人员分工安排 | 宣传报道：<br>组长：<br>海报设计：<br>宣传方案：<br>1.新闻稿件<br>2.网络宣传 | 展区布展：<br>组长：<br>展品收集：<br>展板安排：<br>撤展工作： |
| 布展构思、布局（可附简单的草图） | | |
| 展览资料留存（现场图片） | | |

（2）分工协作，宣传和布展，并完成单元评价。

学生分工协作，完成布展　　学生介绍作品、分享学习收获　　学生作品展示

## 五、单元评价设计指南（表2-2）

表2-2　单元评价设计指南

| 评价内容 | | 1 | 2 | 3 | 4 | 5 | 评　语 |
|---|---|---|---|---|---|---|---|
| 审美感知 | 能够识别并描述闽南红砖雕的基本特征，包括常见的图案和风格。 | | | | | | |
| | 能够通过观察和比较，简单描述红砖雕作品的主要内容和特点。 | | | | | | |
| 艺术表现 | 学生在雕刻创作时的技术运用和完成度。 | | | | | | |
| 创意实践 | 在创作中是否能展现个人风格和创意，例如在设计自己的雕刻图案时的独特性。 | | | | | | |
| | 能够运用不同学科的知识、技能和思维方式创作1～2件以红砖雕为主题的艺术作品（如图画书、摄影、动画、微电影、戏剧小品等）。 | | | | | | |
| 文化理解 | 能够通过口头或书面作品，表述对闽南红砖雕文化的认识和理解。 | | | | | | |
| | 在参与综合探索活动中，能主动学习和探究；在交流、合作时，能尊重和理解他人的看法。 | | | | | | |

# 六、专家点评

胡雯静老师的"最恋一抹闽南红——闽南红砖雕"单元教学案例是根据浙美版《美术》四年级上册教材"砖石上的雕刻"内容设计，在活用教材、巧用教材的基础上拓展的非遗课程。单元教学围绕"闽南红砖雕如何体现人们的审美观念"这一基本问题展开教学活动，体现传承与弘扬传统文化、丰富课程内容与教学资源、提升学生的综合素质的教学特点。

## （一）趣味实践，理解文化

胡老师创设了闽南红砖雕"识—研—创"主题实践活动，引导学生在探究实践活动中感知体验闽南红砖雕的艺术语言与寓意内涵，理解红砖雕刻技艺之美与工匠精神，体现了美术课程的实践性特点。

## （二）活用教材，拓展课程

胡老师基于当地文化资源将闽南红砖雕融入教材，并依据《美术》四年级上册第三课"墙"与第四课"家乡的古塔"，构建了一个层层递进的雕刻学习单元。这不仅促进了学生对艺术与生活联系的认识，还丰富了课程资源，是国家课程校本化的优秀案例。

## （三）守正创新，创意实践

本单元教学的第三课"红砖新语——古韵今风"，凸显了传承传统工艺"守正创新"的理念。在学生体验红砖雕刻技艺、感受工匠精神的同时，通过拓展红砖雕的材料和生活应用，不断发掘学生的创意实践能力。

建议：闽南红砖雕艺术资源丰富，技艺和材料对于小学生来说有一定的难度，建议适当增加课时，以帮助学生更深入地体验技艺和理解相关文化知识。

（厦门市集美区进修学校美术教研员、高级教师、

厦门市中学美术学科带头人　高艺玲）

# 一灯一世界——泉州花灯

福建师范大学泉州附属中学　洪冠颖

指导教师：国家级非遗代表性传承人、

福建省工艺美术大师、福建省民间文艺家协会花灯艺术专业委员会主任、

福建省工艺美术学会民间工艺专业委员会主任　黄丽凤

## 一、非遗之美——泉州花灯

### （一）导入语

　　每年的元宵佳节，泉州的大街小巷就会陆续布置上各式的花灯。元宵赏灯是属于泉州人的浪漫和仪式感。泉州花灯起源于唐代，盛于宋、元，并延续至今。每年的春节和元宵节前后，人们都会挂起象征团圆意义的红灯笼，来营造一种吉利喜庆的氛围。泉州花灯历史悠久，影响广泛，是南方花灯的代表。泉州花灯以其独有的刻纸、针刺工艺和料丝镶装技艺闻名于世。在泉州方言中，"灯"与"丁"读音相近，因此点亮花灯，也是点亮百姓对人丁兴旺、家庭和睦的殷殷期盼。2006年，泉州花灯被列入首批国家级非物质文化遗产名录，是福建省著名的特色传统工艺品之一。图2-5为作者本人创作的针刺花灯，图2-6为黄丽凤老师和她母亲在制作花灯。

图2-5　作者本人创作的针刺花灯

图2-6　黄丽凤老师和她母亲在制作花灯

## （二）泉州花灯之美（图 2-7）

图 2-7　泉州花灯之美

## 二、课程标准研读

本单元课程基于《义务教育艺术课程标准（2022 年版）》第四学段"继承与发展文化遗产"的要求，即引导学生了解非物质文化遗产的含义，制作传统工艺品或文创产品。学习剪、刻、折、叠、编、卷曲、捏塑、焊接等传统工艺的制作方法，制作工艺品，如剪纸、编织、刺绣、印染、陶艺，以及竹木、金属材料的作品等。结合不同地域的中华优秀传统文化特色，设计文创产品及其识别系统。

能根据当地的实际情况，提出保护非物质文化遗产的建设性意见。能口头或书面表述对"继承、发展文化遗产是每一代人的责任"的理解并撰写报告。单元内容主要涵盖"欣赏·评述""造型·表现""设计·应用""综合·探索"4 类艺术实践，共 3 课时。

## 三、单元教学目标

### （一）课程目标

基于课程标准，本单元的教学目标如下：

1. 学生能够了解泉州花灯的历史背景、文化意义以及制作技艺。

2. 学生能够通过非遗实践操作，设计、制作自己的花灯，提升手工技艺和创新能力；并能够将所学的花灯制作技艺和美术知识应用于不同的场合和领域，提高社会实践能力。

3. 学生能够理解泉州花灯的形式美、造型美、色彩美、工艺美和创意美，理解非遗传承的重要性、文化内涵和家国情怀。

## （二）核心素养目标

1. 审美感知：引导学生通过欣赏泉州花灯的造型、色彩、材质等，了解泉州花灯造型和图案的内涵及寓意，认知泉州花灯的五美（形式美、造型美、色彩美、工艺美和创意美），提升对美的感知和欣赏能力。

2. 艺术表现：引导学生运用传统与现代媒材、技术，结合美术语言，创造有意味的泉州花灯，创新其形态与风貌，实现传统文化艺术的传承及学生自主艺术语言的创新。

3. 创意实践：通过泉州花灯的学习，培养初中生的创新意识，学习和借鉴传统手工艺的寓意和技法，运用形象思维和创意思维，尝试创作有创意的泉州花灯，提升学生对泉州花灯非物质文化认同感和保护意识，促进对泉州花灯如何守正创新、传承保护的新思考。

4. 文化理解：通过本课的学习，让学生了解泉州花灯非物质文化遗产的艺术特点，热爱并保护其文化艺术内涵、价值和意义，传承、创新泉州花灯传统文化的艺术价值，增进学生热爱生活、热爱家乡、热爱祖国的思想感情，增强民族自豪感和文化自信。

## （三）学段学情特点

本课属于"设计·应用"领域课程，是人教版《美术》八年级下册"漂亮的手工灯饰"课程的拓展延伸，具有本土地域艺术特色。教学对象是初二学生，他们具有一定的审美素养和表现技能，对传统文化艺术能够接纳和认同，且较为感兴趣，因此学习的内驱力也较强，但是对泉州花灯的文化认知和技艺传承及创意表现缺乏系统性和创新性的实践。因此，本课程教学将结合学生的前概念，构建项目式、自主探究性学习方式，加强学生对泉州传统文化、非物质文化遗产的深度学习，鼓励学生进行迁移性学习和现代风格的艺术创意。本课程在美术表现和创意实践上，提高学生在传统花灯课堂教学中的自主实操性，为泉州花灯非遗之美在今后课堂教学普及、活态传承、创新提供新方案。

## 四、单元教学任务

### （一）单元课程结构（图2-8）

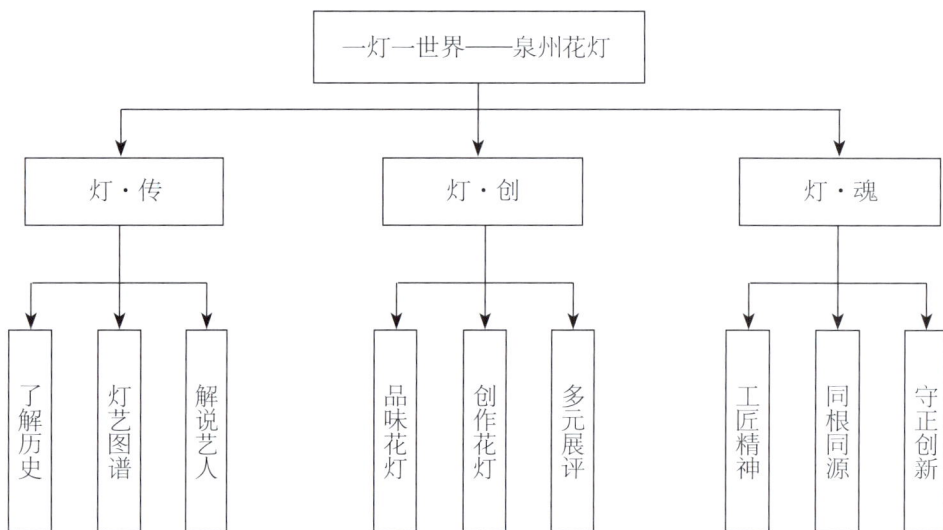

图2-8　单元课程结构

### （二）单元结构设计（表2-3）

表2-3　一灯一世界——泉州花灯

| 课前活动：分小组寻访泉州花灯的代表艺人： 刻纸灯（黄丽凤）、针刺灯（林守明父子）、纸扎灯（曹淑芬） | |
|---|---|
| 学习任务 | 问题探究 |
| 走进各种泉州花灯传习所，寻访泉州花灯的代表艺人，深入了解泉州花灯的工艺材料等。 | 1. 泉州花灯都有哪些制作工艺？<br>2. 泉州花灯的材料有什么特点？<br>3. 问问花灯艺人们都有哪些传奇故事？ |

| 课前活动：探寻之旅 |
| --- |

（1）以学习小组为单位，进行任务角色分工。（组织联络、摄影、记录、制作汇报 PPT、汇报展示、后勤安全）

（2）分小组徒步古城，寻访各类泉州花灯非遗传习所。通过寻访学习卡，有目的地对非遗传习所和艺人进行寻访并拍照。

寻访学习卡

针刺灯与林守明父子

曹氏纸扎花灯

李尧宝料丝灯

| 第一课　灯·传 | |
| --- | --- |
| 学习任务 | 问题探究 |
| 1.了解泉州花灯的历史与文化背景。 | 1."天下上元，灯烛之盛，无逾闽中。"古人描绘了一幅怎样的元宵佳节泉州花灯盛况？<br>2.泉州花灯都有哪些种类？<br>3.泉州人为什么喜欢花灯？它们都有哪些美好的寓意？ |

| 活动 1：了解历史 |
| --- |

情境导入，了解泉州花灯的起源、历史、种类、艺术特点、象征意义以及与当地民俗的关系。

课堂情境创设图片

| 学习任务 | 问题探究 |
|---|---|
| 2. 学生分小组手绘泉州花灯传习所的分布地图及相应工艺。 | 4. 泉州花灯的传习所都在哪里？你如何带领游客去了解它们？ |

**活动2：灯艺图谱**

通过手绘地图形式，让学生对泉州花灯各种类非遗传习所进行标注，描绘其工艺或代表性材料，进一步加深、图示化所学体验，并鼓励学生成为非遗宣讲员，成为活态传承泉州非遗新形态。

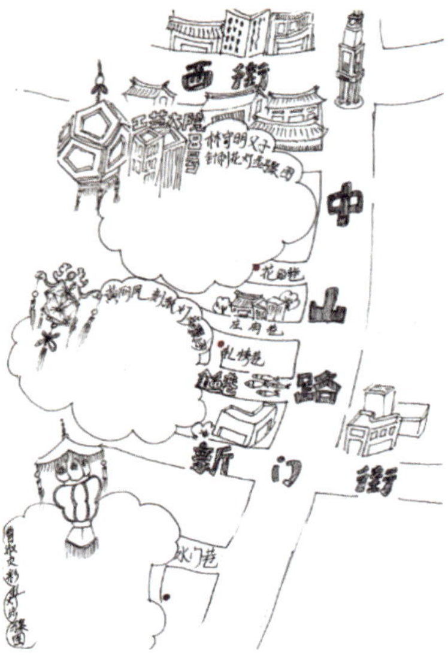

学生手绘图

| 学习任务 | 问题探究 |
|---|---|
| 3. 各小组分享寻访成果并总结泉州花灯的"五美"。 | 5. 泉州花灯在形式、造型、色彩、材料、工艺和创意等方面都有什么特点？ |

**活动3：解说艺人**

（1）学生汇报课前分组寻访花灯艺人的学习成果，并填写泉州花灯"五美"学习卡。

（2）合作将每个组员的学习卡拼接成梅花灯，提升学生的团队意识。

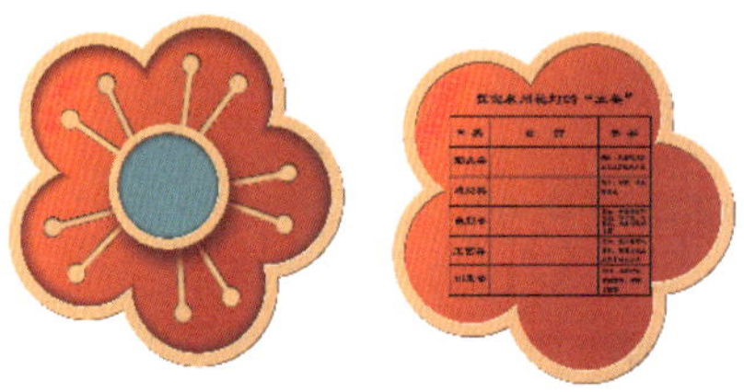

泉州花灯"五美"学习卡（正反面） 　　学习卡拼成的梅花灯

续表

| 第二课　灯·创 | |
|---|---|
| 学习任务 | 问题探究 |
| 1. 深入了解泉州花灯中针刺灯和刻纸灯的制作方法和步骤。 | 1. 如何利用传统工艺与现代材料创作风格不同的泉州花灯？<br>2. 制作不同样式的灯片时需要注意什么？ |

## 活动1：品味花灯

（1）欣赏刻纸花灯和针刺花灯的细节特点。

刻纸图样细节

针刺图样细节

手绘图样细节

（2）构思花灯图案的创作和整体装饰的细节。

（3）微课展示4种花灯的创作和组装技巧。

"泉州花灯"微课二维码

花灯的传统色彩

| 学习任务 | 问题探究 |
| --- | --- |
| 2. 学生分组创作并组装刻纸花灯、针刺花灯、手绘花灯和创意花灯。 | 3. 在小组协作上存在哪些问题，如何解决？<br>4. 在灯体制作过程中需要注意哪些问题？例如心态、工艺手法和材料工具的使用等？ |

活动2：创作花灯

（1）以小组为单位进行分工。（灯片制作、灯体美化、灯体组装、现场调度）
（2）分组创作刻纸花灯、针刺花灯、手绘花灯和创意花灯，传承传统工艺，创新图案细节，融合多样媒材，丰富灯体装饰。

作品实例（1）

作品实例（2）　　作品实例（3）　　作品实例（4）

| 学习任务 | 问题探究 |
| --- | --- |
| 3. 展示评述。 | 5. 说说本小组的花灯如何，其他小组的花灯如何？<br>6. 个人在小组的实践活动中参与度怎样，遇到了什么困难？ |

| 活动 3：多元展评 | |
|---|---|

现场展示各小组创作的花灯并评价本组和其他小组的花灯，说说自己的参与体悟，并于课后利用微信小程序"投票助手"进行线上投票评选。

课堂实例（1）

课堂实例（2）

| 第三课　灯·魂 | |
|---|---|
| 学习任务 | 问题探究 |
| 1. 感受泉州花灯背后的工匠精神。 | 1. 我们可以从泉州的花灯艺人身上学到什么？ |

| 活动 1：工匠精神 | |
|---|---|

（1）观看视频，感受泉州花灯艺人的工匠精神。

（2）分享各小组寻访泉州花灯艺人的故事。

作品实例（5）

作品实例（6）

| 学习任务 | 问题探究 |
|---|---|
| 2. 感受海峡两岸及各地花灯的异同之处。 | 2. 两岸花灯各自具有哪些特点和创新之处？ |

续表

| 活动2：同根同源 | |
|---|---|
| 通过视频欣赏海峡两岸及各地的元宵灯盏，赏析并评价两岸及各地花灯的异同，领悟海峡两岸同节共情、同根同源、两岸一家亲的思想情怀；让学生感受家乡的艺术美，提升他们热爱家乡的情感。总结升华：由家的团圆到祖国的团圆，一同祝愿祖国早日统一。 | |
| 学习任务 | 问题探究 |
| 3. 将这单元对花灯的学习过程整理成文字体会。 | 3. 泉州花灯在传承、创新和保护上如何做得更好？ |

| 活动3：守正创新 |
|---|
| 撰写关于泉州花灯如何守正创新的艺术短文，300~500字，感悟艺人精神，提出传统文化遗产保护传承的新想法，增强家国情怀。 |

创 创形式，创融合，创平台

泉州花灯守正创新

承 知根源，承技艺，传文化

新 新时代，新题材，新媒材

源于乡土，不囿乡土
源于地域，不囿地域
源于传统，不囿传统
源于美术，不囿美术

写作思维导图

| 课后活动（拓展）：美化生活 | |
|---|---|
| 学习任务 | 问题探究 |
| 参与展览的策划、组织与实施。 | 如何协调有关部门进行布展策划？ |

| 学习活动 |
|---|
| 在元宵佳节里，与当地社区沟通，参与社区灯展，或者将花灯悬挂于校园图书馆，美化校园环境，从而提升学习真实性和参与感。 |

## 五、单元评价设计指南（表2-4、图2-9）

### 表2-4 教师单元评价表

| 学生： | | 班级： | 座号： | | | | 评价时间： | |
|---|---|---|---|---|---|---|---|---|
| 评 价 内 容 | | | 1 | 2 | 3 | 4 | 5 | 教师意见 |
| 图像识读 | 能够利用比较式鉴赏法辨识、分析不同种类、地域、风格的花灯的异同，并形成审美经验；能够利用数字媒体设备拍照或收集相关泉州花灯或艺人的图片信息，并根据所需汇总创作成PPT；能够深入观察图案的细节并总结规律加以创造应用。 | | | | | | | |
| 审美感知 | 具有项目式学习的内驱力，多维度鉴赏泉州花灯独特的审美情趣和表现力，并说出或写出感受；能根据美学原理，感知、分析、比较并总结出泉州花灯的五美（形式美、造型美、色彩美、工艺美和创意美）。 | | | | | | | |
| 美术表现 | 能够运用多种艺术材料制作传统刻纸、针刺的泉州花灯，体现其传统艺术表现形式；能够以绘画或拼贴等多种形式创作泉州花灯的新形态和新风貌。 | | | | | | | |
| 创意实践 | 在创作和制作过程中，能够批判性地分析自己的作品，通过反思改进工艺，理解泉州花灯的艺术特色并进行创意构思，设计出独特的花灯图案；具备创意性思维、批判性思维与反思性思维；在项目式学习过程中，能够与其他同学自由交流艺术理念，能够撰写艺术文章，表达对泉州花灯非物质文化遗产的认同感和保护意识，以及对泉州花灯如何守正创新、传承保护的创新思考、创新想法。 | | | | | | | |
| 文化理解 | 能够感受、提炼泉州花灯非物质文化遗产的艺术特点；能够热爱并为保护泉州花灯的文化艺术内涵和价值提出新观点；能够为传承、创新泉州花灯传统文化的艺术价值提出新想法；能够热爱家乡、热爱祖国，培养民族自豪感。 | | | | | | | |

| 作者: | | 班级、座号: | | 作品名称: | | 表现方式: | | 使用材料: | |
|---|---|---|---|---|---|---|---|---|---|

作品创意自我说明:

| 自我主观评价 | 项目 | 得分 | 单项自我点评 | 备注 |
|---|---|---|---|---|
| | 造型 (1~10) | | | |
| | 色彩 (1~10) | | | |
| | 创意 (1~10) | | | |
| 客观评价 | 评价对象 | | 评 价 及 建 议 | |
| | 父母 (1~10) | | | |
| | 邻居 (1~10) | | | |
| | 朋友圈集赞 (1~50每个赞1分) | | (朋友圈精彩评论摘抄) | 超过50个赞以50分计算 |
| 总分 | | | | |
| 教师专业建议 | | | | |

图 2-9　学生个人评价表

## 六、专家点评

中国非物质文化遗产中的传统工艺是中华民族文化艺术的瑰宝，它们有着灿烂悠久的历史，品种繁多，技艺精湛。这些传统工艺具有实用性、艺术性、文化性和地域性，蕴含着中华民族的文化价值观念、思想智慧和实践经验，凝聚着丰富的中华美育精神。随着我国基础教育课程改革的推进，传统工艺的育人价值越来越受到重视。普通高中美术课程的七个模块中就有"工艺"模块，而最新颁布的义务教育艺术课程标准也将传统工艺列为美术学习的重要内容之一。

洪冠颖老师的"一灯一世界——泉州花灯"课程曾获评福建省中小学非物质文化遗产校园传承优质课，该课为如何在中小学艺术课程中开展传统工艺教学提供了有价值的范例。"打铁先要自身硬。"洪老师生活和工作在泉州市鲤城区，这里传统文化底蕴深厚，是泉州古城的核心区。洪老师对当地传统工艺有着自觉的热爱，业余时间主动向泉州花灯的制作技艺传承人黄丽凤女士请教。他还积极参加鲤城区教师进修学校举办的中小学传统工艺（泉州花灯）专项师资培训班，系统学习并掌握制作技艺，亲身体验制作技法和媒材特性，深入了解泉州花灯的美学意蕴和文化内涵。所以，他才能够在教学中让学生真正感受到泉州花灯的形式美、造型美、色彩美、工艺美和创意美。

《考工记》中指出："知者创物，巧者述之守之，世谓之工。"传统工艺的传统教学目标和方式具有其历史背景和资源条件。传统工艺的传统教学目标为：一是让技艺传承，能够为社会生产需要的工艺产品；二是让传承者具有谋生的技能。其教学方式大多是一名师傅带为数不多的徒弟，言传身教，在劳动生产中边做边教边学。因此，传统工艺的传统教学目标和方式在中小学艺术课程美术教学中，需要进行创造性转化和创新性发展，这是美术教师应当思考和研究的关键问题。洪老师围绕艺术课程的核心素养目标，根据大班化教学和学校拥有的教学资源，设定了教学内容，运用大单元、任务式、情境式、探究式、活动式、体验式等教学方法，让学生通过泉州花灯传统工艺制作技艺的学习活动，提升艺术素养，增强对优秀传统文化的深刻理解和认同。由此可见，中小学艺术课程美术教学的目标、价值以及教学方式方法与传统工艺的教学存在显著差异。

（泉州市教育科学研究院美术教研员、高级教师　陈德煌）

# 中国音乐史上的活化石——泉州南音

泉州市通政中心小学　林茵
指导教师：一级演奏员、泉州南音省级非物质文化遗产传承人　王大浩

## 一、非遗之窗——泉州南音

### （一）导入语

在泉州的街头巷尾，不时有悠扬的南音回荡，这一闽南地区的瑰宝得到了精心的传承。泉州，一个依海而建、因海而繁荣的城市，孕育了南音——亦称"弦管"或"泉州南音"（图2-10、图2-11）。它起源于福建泉州，以当地方言古语演唱，是中国历史最悠久的音乐形式之一。2006年，南音被列入首批国家级非物质文化遗产名录。2009年，南音正式被联合国教科文组织列入人类非物质文化遗产代表作名录。南音的旋律悠扬而婉转，唱腔既优美又充满深情，节奏徐缓而轻盈。它承载着从汉代流传至今的深厚历史和文化底蕴，成为世遗之城的古老印记、奋斗之城的精神家园、国潮之城的文化符号，以及烟火之城的悠悠乡愁。

图2-10　泉州南音演奏

图2-11　泉州市通政中心小学"南音进课堂"

## （二）泉州南音之美（图2-12）

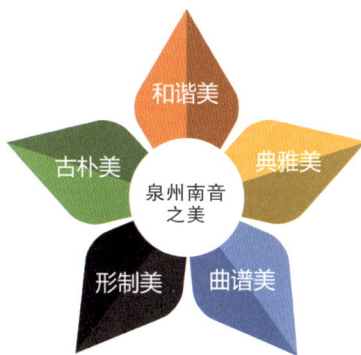

图2-12　泉州南音之美

## 二、课程标准研读

本单元课程基于《义务教育艺术课程标准（2022年版）》第二学段3~5年级音乐学科的学段目标，主要包括：①具有丰富的音乐情绪与情感体验，在与音乐作品的情感共鸣中焕发爱党、爱国、爱社会主义的情感，具有乐观的态度以及对美好事物的关爱之情；感知、体验、了解音乐的感性特征和审美特质，养成良好的欣赏习惯，能对音乐作品和音乐活动进行简单评价；增强对音乐的兴趣。②能自信、自然地进行演唱、演奏、律动、戏剧表演等艺术活动，乐于表达自己独特的感受和想法，在实践中增强规则意识、责任意识和学习意志力等，发展交流与合作能力。③对音乐保持好奇心和探究欲，能在探究、即兴表演和编创等艺术创造活动中展现个性和创意。④增进对中国音乐文化的了解和喜爱之情，了解世界多元音乐文化，开阔文化视野。⑤关注社会生活和社会文化中的音乐现象，对音乐与姊妹艺术、其他学科，以及个人、自然、生活、社会、科技的联系有初步的了解。单元内容主要涵盖"欣赏""表现""创造""联系"4类艺术实践，共4课时。

## 三、单元教学目标

### （一）课程目标

基于课程标准，本单元的教学目标如下：

1.学生能够了解泉州南音的悠久历史、唱腔特点、演奏乐器以及特有记谱方式，并通过听赏名谱感受音乐主题的节奏和强弱变化。

2.学生通过直观感受、比较分析、小组研讨、实践探究等学习形式，能够认读工乂谱，有韵味地演唱南音片段，加入声势律动增强情感体验。

3.学生能够认识到泉州南音不仅是身边的乡土音乐文化，还成为了跨越时空、超越国度、富有永恒魅力的全世界共同精神财富。

### （二）核心素养目标

1.审美感知：通过聆听名谱名曲，了解乐曲的结构与风格，体验泉州南音的唱腔韵味，感知泉州南音的"五美"——古朴美、典雅美、曲谱美、形制美、和谐美。

2.艺术表现：通过工乂谱识读，学生乐于参与南音演唱、乐器表演、学习成果展示等艺术活动。

3.创意实践：运用所学知识尝试声势律动，用自己喜欢的方式编创声势律动。

4.文化理解：通过学习南音，认识其蕴含的丰富文化内涵与价值，了解新时代南音文化的创新发展。学生能够逐步热爱泉州南音，树立文化自信，增进对中国音乐文化的了解和喜爱之情。

### （三）学段学情特点

湘教版《音乐》三年级下册教材中的歌曲《月亮月光光》是一首以闽南语（泉州方言）演唱的童谣。基于闽南语童谣和南音都是以闽南语来演绎，因而将本单元课程作为《月亮月光光》的拓展延伸课程。本单元围绕泉州南音的历史、音乐体系、记谱法、乐器、演唱，以及现状、创新发展，建构了一个层层递进、阶梯式的学习单元。三年级学生已有一定的音乐基础，但对南音尚不够了解，因而，以体验式音乐教学为主，将原来听不懂、看不懂的泉州南音和工乂谱，由难化易、由浅入深，循序渐进，引导学生学习南音，激发学生学习南音的兴趣和爱好，以及对乡土音乐文化、民族民间音乐的认识和热爱，树立文化自信，培养文化认同感。

## 四、单元教学任务

### （一）单元课程结构（图 2-13）

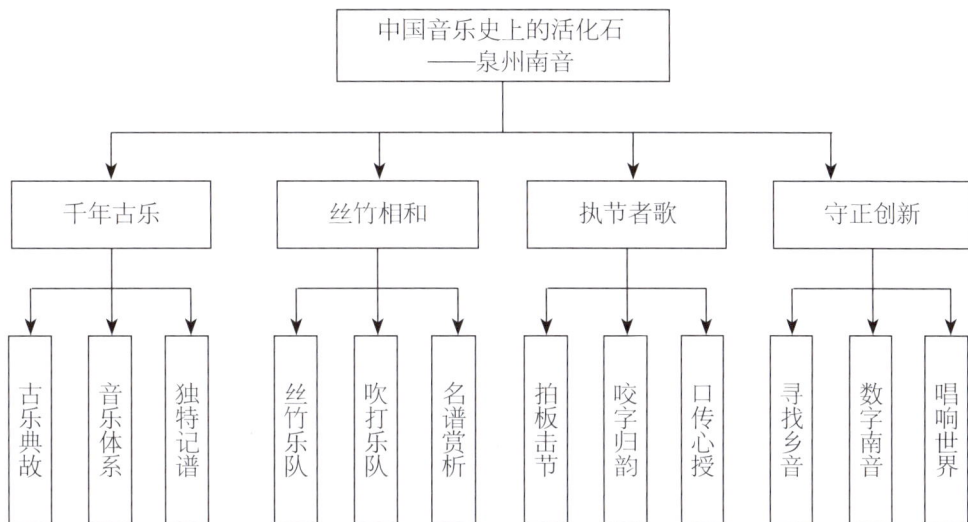

```
          中国音乐史上的活化石
            ——泉州南音
    ┌──────────┬──────────┬──────────┐
  千年古乐     丝竹相和     执节者歌     守正创新
  ┌─┬─┬─┐    ┌─┬─┬─┐    ┌─┬─┐      ┌─┬─┬─┐
 古 音 独    丝 吹 名    拍 咬 口    寻 数 唱
 乐 乐 特    竹 打 谱    板 字 传    找 字 响
 典 体 记    乐 乐 赏    击 归 心    乡 南 世
 故 系 谱    队 队 析    节 韵 授    音 音 界
```

图 2-13 单元课程结构

### （二）单元结构设计（表 2-5）

表 2-5 中国音乐史上的活化石——泉州南音

| 第一课 千年古乐 | |
| --- | --- |
| 学习任务 | 问题探究 |
| 1. 了解泉州南音的历史及典故，感受古朴之美。 | 1. 为什么泉州南音被称为"化石"，却又是"活"的？<br>2. 泉州南音为什么被称为"御前清客（曲）"？ |
| **活动 1：古乐典故——御前清客（曲）** | |
| （1）学生课前通过网络等方式收集相关资料并进行整理，课上交流、反馈。<br>（2）介绍泉州南音的悠久历史及其"御前清客（曲）"的由来。 | |
| 学习任务 | 问题探究 |
| 2. 了解泉州南音的音乐由指、谱、曲三大部分组成。 | 3. 什么是"指"？<br>4. 什么是"谱"？<br>5. 什么是"曲"？ |

续表

| 活动2：音乐体系——指、谱、曲 |
| --- |
| 介绍南音"指""谱""曲"的相关知识。 |

| 学习任务 | 问题探究 |
| --- | --- |
| 3. 结合《三千两金》选段认读工乂谱骨干音并学唱，感受曲谱美。 | 6. 大量的指、谱、曲经过千年是如何保存和记录下来的呢？<br>7. 泉州南音工乂谱的记谱方式与我们学过的五线谱和简谱有哪些不同？ |

| 活动3：独特记谱——泉州南音工乂谱 |
| --- |

（1）工乂谱与简谱对照，根据对照表学唱骨干音。

工乂谱骨干音

（2）出示工乂谱《三千两金》选段，介绍其调式和节拍等。

工乂谱《三千两金》选段

（3）出示《三千两金》简谱版工乂谱旋律选段，并学唱。

《三千两金》简谱版工乂谱旋律选段

续表

| 第二课　丝竹相和 | |
| --- | --- |
| 学习任务 | 问题探究 |
| 1. 了解"上四管"相关乐器及其相互关系，感受形制美、和谐美。 | 1. 上四管是指哪四管？<br>2. 对比北方琵琶，南音中使用的琵琶在外形和演奏形式上有何不同？<br>3. 南音洞箫与"尺八"有何关系？ |
| **活动 1：丝竹乐队——上四管** | |

（1）分别介绍"上四管"乐器（琵琶、三弦、洞箫、二弦）及其演奏方法。

|  琵琶  |  三弦  |  洞箫  |  二弦  |

泉州南音"上四管"乐器

南音琵琶演奏姿势

（2）了解乐器与乐器之间是相辅相成的。

续表

| 学习任务 | 问题探究 |
|---|---|
| 2. 了解"下四管"相关乐器及其演奏方法，感受形制美、和谐美。 | 4."下四管"是指哪四管？ |

活动 2：吹打乐队——下四管（打击乐器）、吹奏乐器

（1）分别介绍"下四管"乐器（四宝、响盏、双铃、小叫）及其演奏方法。

四宝　　　　响盏　　　　双铃　　　　小叫

泉州南音"下四管"乐器

（2）吹奏乐器（嗳仔、品箫）介绍。

嗳仔（唢呐）　　　　品箫（笛子）

泉州南音吹奏乐器

| 学习任务 | 问题探究 |
|---|---|
| 3. 听赏四大名谱之一《走马》的演奏，通过上四管乐器的合奏搭配木鱼的"马蹄声"，感受音乐的动感和跳跃感以及节奏、力度的变化，从而进一步了解乐曲的创作手法，感受和谐美。 | 5. 木鱼敲了几次？<br>6. 速度有什么变化？<br>7. 你能想象出这是什么情景吗？<br>8. 音乐主题有什么特别之处？ |

续表

| 活动3：名谱赏析——《走马》选段 |
| --- |

（1）欣赏南音的"四大名谱"之一《走马》片段的同时，老师加入木鱼敲击出的"马蹄声"。

《走马》第4、5乐章

（2）出示音乐主题，跟着琵琶学唱主题旋律，进行律动创编。

《走马》音乐主题

（3）找一找工乂谱其他乐章中的音乐主题（运用希沃白板的画图功能画出音乐主题）。

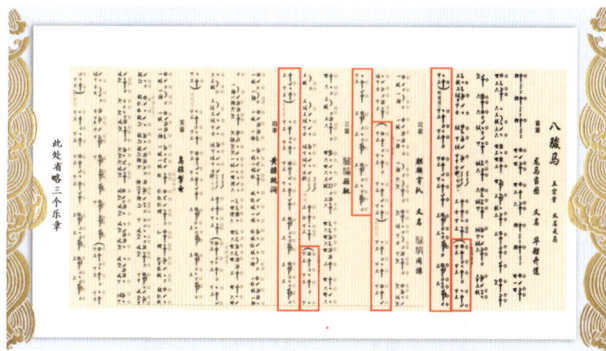

《走马》（《八骏马》）工乂谱选段

| 第三课　执节者歌 | |
| --- | --- |
| 学习任务 | 问题探究 |
| 1. 了解拍板在南音中的作用，学习"撩拍"知识，感受"捏撩按拍"和拍板击节。 | 1. 拍板在南音中起到什么作用？<br>2. "撩拍"有哪几种？ |

续表

| 活动1：拍板击节——撩拍（节拍） |
| --- |

（1）视频欣赏传统南音曲目《直入花园》，介绍"拍板"的作用。

《直入花园》视频欣赏　　　　　泉州南音乐器　拍板

（2）讲解"撩拍"，结合乐曲"捏撩按拍"和拍板击节感受稳定拍。

| 学习任务 | 问题探究 |
| --- | --- |
| 2. 介绍泉州南音并用泉州方言古语演唱，学习《直入花园》的歌词。 | 3. 泉州南音用什么方言演唱？ |

| 活动2：咬字归韵——泉州方言古语 |
| --- |

用泉州方言古语念读《直入花园》的歌词，注意咬字归韵。

| 学习任务 | 问题探究 |
| --- | --- |
| 3. 学唱《直入花园》选段并准确拍打节拍，感受典雅美、古朴美。 | 4. 南音为何是"口传心授"？ |

| 活动3：口传心授——《直入花园》选段 |
| --- |

（1）老师弹奏琵琶教唱《直入花园》选段，同时"捏撩按拍"。
（2）跟着伴奏，师生一起"执节者歌"（手持拍板，同时演唱《直入花园》选段）。

学生持拍板演唱《直入花园》视频

| 第四课　守正创新 | |
| --- | --- |
| 学习任务 | 问题探究 |
| 1. 从文物古迹中找寻泉州南音，多角度了解南音流传之久、传播之广，感受古朴之美。 | 1. 从《韩熙载夜宴图》中哪里能找到南音的踪迹？<br>2. 你还找到了哪些和南音有关的文物古迹？ |

**活动 1：寻找乡音——古画、古建筑**

（1）在《韩熙载夜宴图》中寻找南音的踪迹。

**南音学习单**

班级：_____　姓名：_____　学号：_____

**寻找南音踪迹**

1. 在《韩熙载夜宴图》中，你找出了几种南音乐器，把它们圈出来。

2. 请从乐器的构成、形制、演奏形式等方面说说它在哪几方面与南音如出一辙？

《韩熙载夜宴图》南音学习单

（2）学生课前收集与南音相关的文物古迹，课上进行交流讨论。

例如：敦煌壁画、开元寺飞天、泉州城雕等。

| 敦煌壁画 | 开元寺飞天 | 泉州城雕 |

续表

| 学习任务 | 问题探究 |
|---|---|
| 2. 了解在现代化的今天，南音如何保护、流传和创新发展。 | 3. 随着现代科技的发展，人们又是如何保护和创新发展泉州南音的呢？ |

活动2：数字南音——声谱同步全民共享

实施南音记录工程，全面、系统地录存古曲。

（1）扫描古谱或通过特殊字体电脑打印，并将相关资料存档。

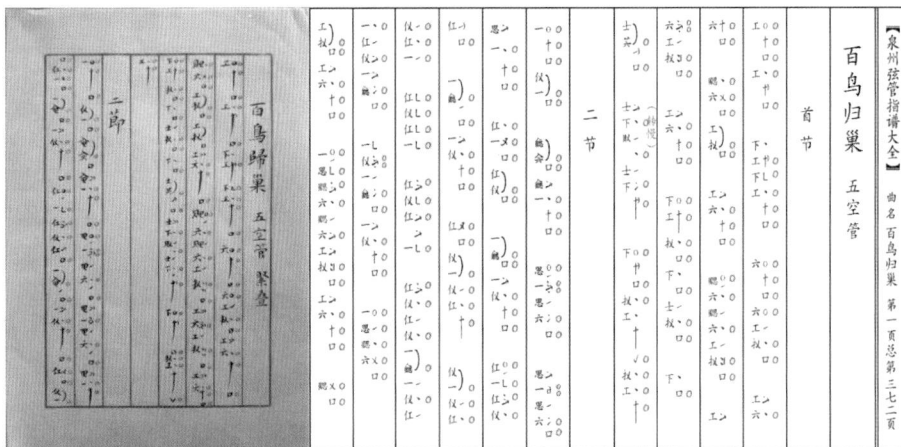

古谱手抄版与印刷版

（2）抢救老旧唱片，非遗传承人录制音频。

（3）开发南音网站，声谱同步全民共享。

相关网站包括：www.qznanyin.com 和 www.fjnanyin.com。

| 学习任务 | 问题探究 |
|---|---|
| 3. 听赏《百鸟归巢》，感受新时代背景下千年非遗文化瑰宝——南音的传承与创新，增强文化自信与爱国爱乡情怀。 | 4. 传统文化与现代艺术结合的《百鸟归巢》让你感受到了什么，并得到了哪些启发？ |

| 活动 3：唱响世界——欣赏《百鸟归巢》 |
| --- |
| （1）欣赏南音表演唱《百鸟归巢》（曾亮相 2023 年春晚，演绎了中国传统文化的别样传承）。<br><br><br><br>2023 年春晚节目<br>《百鸟归巢》视频欣赏<br><br>（2）南音是古乐乡音，是港澳台同胞与海外侨胞的精神纽带，唱响归巢情愫。<br><br><br><br>南音学习单 |

## 五、单元评价设计指南（表2-6）

表2-6　单元评价设计指南

| 评价内容 | | 1 | 2 | 3 | 4 | 5 | 评语 |
|---|---|---|---|---|---|---|---|
| 审美感知 | 能够感受泉州南音旋律悠扬，节奏平稳，曲调典雅优美，感情委婉细腻；感受泉州南音的"五美"。 | | | | | | |
| | 能够通过聆听《走马》片段感受音乐的动感和跳跃感，以及节奏、力度的变化，了解乐曲的创作手法。 | | | | | | |
| 艺术表现 | 认读工ㄨ谱骨干音。 | | | | | | |
| | 学唱《三千两金》选段的工ㄨ谱。 | | | | | | |
| | 学习"捏撩按拍"和拍板击节。 | | | | | | |
| | 学唱《直入花园》选段，并准确拍打节拍。 | | | | | | |
| 创意实践 | 探索乐曲与生活中的声音，感受马儿奔腾的姿态，进而创编声势律动，培养创新意识和创新能力。 | | | | | | |
| 文化理解 | 欣赏南音表演《百鸟归巢》，认识其丰富的文化内涵与价值，了解新时代南音文化的创新发展，从而促进学生树立正确的文化观、历史观、民族观、国家观，树立文化自信。 | | | | | | |

## 六、专家点评

　　林茵老师的"中国音乐史上的活化石——泉州南音"大单元案例设计，基于湘教版《音乐》三年级下册教材中的歌曲《月亮月光光》进行拓展延伸至同样语系的"泉州南音"这一古老的乐种，围绕学生的学情及对泉州南音的初步认知，分 4 课时进行设计。

### （一）情境教学，阶梯串联

林茵老师通过对一个单元整体的教学布局，采用"千年古乐""丝竹相和""执节者歌""守正创新"4 个主题的教学情境串联音乐模块，以教学情境实现教学模块之间的衔接。每课设计在复习旧知识的基础上，搭建新知识，逐步达成更高的教学目标，从而让学生感受非遗之美。

### （二）化难为简，浸润体验

林茵老师把南音特有的记谱法"工乂谱"、撩拍及咬字归韵等，由难化简，通过音响、示范和多媒体等方法，让学生聆听、想象、模仿、比较，使学生更容易参与音乐活动。从传承到创新，学生浸润式体验泉州南音，激发了自主学习的热情，充分感受非遗之美，体现了学习的自主性、愉悦性、创新性等特点。

### （三）围绕任务，进行评价

林茵老师的大单元教学能基于核心素养，从总体上设置学习活动，并对每个教学活动设置相应的评价内容，以确保学生学习的有效性。通过评价对学生进行判断，激发学生潜能并进行改进，以推动学生的成长。

建议在今后的课程中，林茵老师可以组织学生对泉州南音根据旋律进行歌词编创，目前不少南音作品以古代才子佳人为题材，不是很适合学生传唱，歌词编创可围绕校园生活、师生情谊、同学友情、传统美德及国家发展等题材，先原曲改词慢慢地能谱新曲写新词，让泉州南音散发出更加迷人的时代光彩。

（泉州市教育科学研究院中小学音乐教研员、高级教师　陈颖容）

追寻闽西客家文化的轨迹，非物质文化遗产是其中浓墨重彩的一笔。闽西地区地处福建省西部，位于闽粤赣三省交界处，被誉为客家祖地、红色圣地、生态福地。红色，是龙岩光荣的主色调。"红旗跃过汀江，直下龙岩上杭。"作为全国知名的红色圣地，古田会议会址在这里熠熠生辉，见证着中国革命的光辉历程。绿色，是龙岩清新的亮色。武平、上杭、连城、漳平等地，绿意盎然，自然风光旖旎。古色，是龙岩深厚的底色。闽西是客家民系主要聚居地之一，也是福建客家人的发祥地。客家人从中原迁徙至此，勤劳开垦，建设家园，繁衍生息。

在闽西这片广袤的大地上，永定土楼、培田古民居、长汀古城及客家方言、传统民俗等，共同构成了古韵悠远、文脉绵长的客家文化，创造了多姿多彩、特色鲜明的文化遗产。闽西汉剧、漳平农民画、客家山歌等是闽西地区人民在生产生活中孕育积累、发展兴盛的文化瑰宝，承载着该地区独特的文化风貌和深厚的历史积淀，更在新时代的非遗美育中焕发出勃勃生机，绽放新韵。

*龙岩学院传播与设计学院副教授 朱荔婷*

# 闽西篇

# 南国牡丹，生门之蕴——闽西汉剧

龙岩凤凰小学　　马明超

指导教师：一级演员、闽西汉剧非遗传承人　　李勇洪

## 一、非遗之窗——闽西汉剧之生门

### （一）导入语

在闽西这片充满光荣的红土地上，每逢佳节庆典，或是盛会欢宴，一群艺人便翩然而至，演绎着闽西汉剧的绝代风华。被誉为"南国牡丹"的闽西汉剧属于西皮、二黄声腔体系，是福建省主要的地方戏曲剧种之一。它于清朝雍正、乾隆年间流入闽西后，在200多年的发展中，不断吸收当地优美的民间小调、吹打乐、佛调和客家方言的丰富养料，焕然一新，形成了独具特色的闽西地方戏曲。2006年，闽西汉剧被列入首批国家级非物质文化遗产名录，并加以重点保护。闽西汉剧有四门六行九当之分，"生"门为四门之一，包括小生、老生。他们饰演舞台上（除丑、净外）的男性角色，表演风格可文可武，化装多为俊扮，表演中多用方步。小生用子喉发声，即小嗓，不戴髯口；老生用原喉发声，即本嗓，戴髯口。图3-1为非遗传承人李勇洪饰演崔浩，图3-2为《状元媒》中的杨延昭。

图3-1　非遗传承人李勇洪饰演崔浩　图3-2　《状元媒》中的杨延昭

## （二）闽西汉剧生门之美（图3-3）

图 3-3　闽西汉剧生门之美

## 二、课程标准研读

本单元课程基于《义务教育艺术课程标准（2022年版）》第二学段（3～5年级）美术学科目标，主要包括：①学会运用造型元素、形式原理和欣赏方法，欣赏、评述艺术家的作品，感受中外美术作品的魅力。②探索用传统与现代的工具、材料和媒介，创作平面、立体或动态等表现形式的美术作品，表现自己的所见所闻、所感所想，学会以视觉形象的方式与他人交流。③组织学生以个人或小组合作的方式，将美术与自然、社会及科技相融合，探究各种问题，提高综合探索与学习迁移的能力。单元内容主要涵盖"欣赏·评述""造型·表现""综合·探索"3类学习领域，共3课时。

## 三、单元教学目标

### （一）课程目标

基于艺术课程标准，本单元的教学目标如下：

1. 学生能够了解闽西汉剧生门的艺术魅力、文化寓意及其表现形式、方法。

2. 学生能够结合欣赏评述、造型表现、综合探索等学习领域，形象理解生门的艺术特色。运用绘画、泥塑等方式表现丰富的闽西汉剧生门人物形象。

3. 学生能够理解生门所体现出来的性格特征，体会南国牡丹生门的意蕴。

4. 学生能够内化永续中华民族的根与魂，进而弘扬中华民族真善美的情怀，做堂堂正正的中国人。

## （二）核心素养目标

1. 审美感知：了解闽西汉剧的起源和文化意义，观察生门的服饰、道具、动态、品格特征，进而感知生门所呈现的意蕴。

2. 艺术表现：收集与生门相关的美术创作素材，运用绘画、泥塑等方式表现感兴趣的生门人物形象。

3. 创意实践：综合运用多学科知识，以多种形式展现闽西汉剧生门所蕴含的意蕴。

4. 文化理解：通过体验生门角色的意蕴，弘扬中华民族真善美的情怀，并加以继承和发扬。

## （三）学段学情特点

本单元课程是根据美术校本教材《非遗传承——闽西汉剧》内容设计，结合闽西地方特色戏曲开展非遗课程，围绕人教版《美术》四年级上册"最受尊敬的人""今天我值日"，形成一个逐层推进的人物表现课程体系。鉴于学生身处富有红土地之称的闽西，对闽西汉剧人物有所感触，为本课程的学习奠定了一定的基础，但大部分学生对闽西汉剧的起源、文化意义及各行当所具有的特征缺乏深入的探究。本课程旨在引导学生深入欣赏和感受闽西汉剧中的生门，进而以点带面，理解闽西汉剧传承中华传统美德的意义，提升文化自信。

# 四、单元教学任务

## （一）单元课程结构（图3-4）

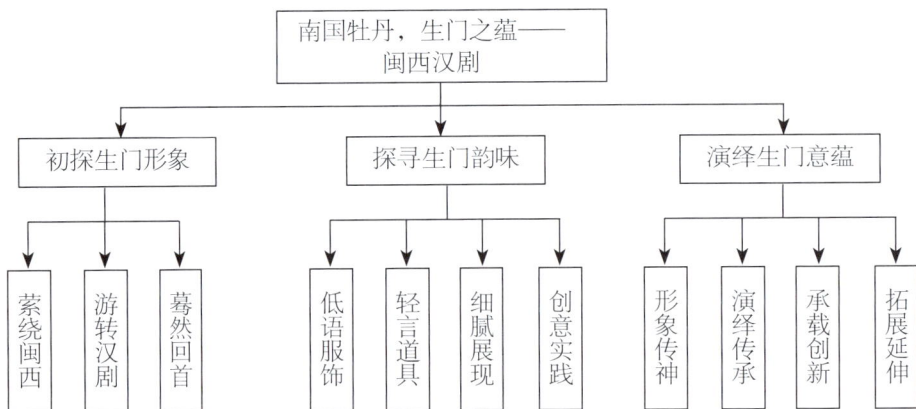

图 3-4 单元课程结构

## （二）单元结构设计（表 3-1）

表 3-1 南国牡丹，生门之韵——闽西汉剧

| 第一课　初探生门形象 | |
|---|---|
| 学习任务 | 问题探究 |
| 1. 了解闽西汉剧的起源及文化意义，能够感受到闽西汉剧所具有的独特魅力。 | 1. 闽西汉剧有着怎样的起源故事？<br>2. 闽西汉剧有哪些文化意义？<br>3. 闽西汉剧的角色划分、手势动作有什么特点？（角色划分：生、旦、丑、公、婆、净；手势动作：拱手、佛手、姜手） |

| 活动 1：萦绕闽西——漫步南国牡丹 |
|---|

（1）（观看视频）通过闽西汉剧传习中心的简介，初步了解闽西汉剧。

闽西汉剧简介

（2）交流探秘：根据课前查找、搜集的相关资料完成导学单，并在课上进行交流。

| "闽西汉剧知多少"导学单 | | | | |
|---|---|---|---|---|
| 起　源 | 欣赏场所 | 文化意义 | 角色划分 | 其他知识 |
|  |  |  |  |  |

（3）通过欣赏闽西汉剧剧照，初步感受闽西汉剧的角色划分、手势动作。

| 拱手 | 佛手 | 姜手 |

| 学习任务 | 问题探究 |
|---|---|
| 2. 了解闽西汉剧中的"六行"。 | 4. 闽西汉剧的角色门类分别有哪些?(生、旦、丑、公、婆、净)<br><br>5. "六行"分别代表哪一类型的人物形象? |

### 活动 2:游转汉剧——沉浸魅力"六行"

(1)通过欣赏闽西汉剧剧目集锦,初识闽西汉剧的角色门类。

生　　　　　　　　　旦　　　　　　　　　丑

公　　　　　　　　　婆　　　　　　　　　净

(2)课堂竞技:给相应的闽西汉剧人物选择相对应的行当名称。

(3)小组交流:"六行"分别代表哪一类型的人物?

| 学习活动 | 问题探究 |
|---|---|
| 3. 认识生门的不同分类并了解其脸部妆容。 | 6. 闽西汉剧生门有哪些行当分工?(老生:白须老生、苍须老生、乌须老生和武老生;小生:文小生、武小生、文武小生;武生)<br><br>7. 生门脸部俊扮有什么特征? |

| 活动3：蓦然回首——倾情律动生门 |
| --- |

（1）请谈谈你对生门中不同人物形象的认识。（装扮上有什么特点）

老生　　　　　　　　小生　　　　　　　　武生

（2）观察不同生门，完成《生门脸部俊扮探究单》。

| 生门脸部俊扮探究单 | | | |
| --- | --- | --- | --- |
| 部位 | 老生 | 小生 | 武生 |
| 脸部 | 略擦粉或不擦粉，多用本色，两眼角多抹细红 | | 略施胭脂，印堂勾一红线或通天红 |
| 唇 | 无 | 点唇 | 无 |

（3）为以下平面人物模型脸部画上俊扮。

小生脸部俊扮示意图　　　　　　　武生脸部俊扮示意图

| 第二课　探寻生门韵味 | |
| --- | --- |
| 学习任务 | 问题探究 |
| 1. 了解生门的服饰名称、图案及色彩特征。 | 1. 闽西汉剧中不同生门的服饰在身份特征、图案和色彩上各有哪些独特之处？ |

| 活动 1：低语服饰——解析服饰之韵 |
|---|

（1）欣赏《状元媒》《花灯案》选段。

分析吕蒙正和陈聪的服饰特征。（从服饰名称、身份特征、图案、色彩上进行分析）

 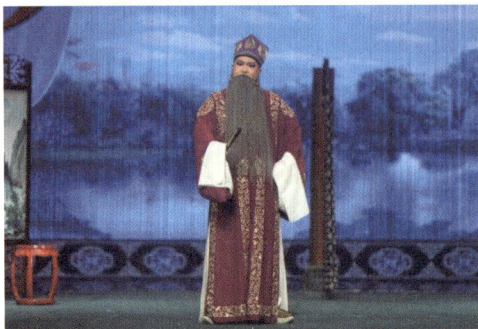

吕蒙正　　　　　　　　　　　　陈聪

吕蒙正：一名官员，头戴乌纱帽（如意帽翅），着红色官衣。一般来说，地位比较高的官员着红色和紫色官衣，其次为黑色官衣。

陈聪：平民百姓，头戴员外巾（巾属于便帽），身穿员外衣，衣服上有团寿及回字纹，象征福寿延年、富贵吉祥。

（2）小组探究：分析八贤王、王大儒的服饰、图案及色彩特征，合作完成《生门服饰探究单》。

八贤王　　　　　　　　　　　　王大儒

| 生门服饰探究单（第　　小组） | | | |
|---|---|---|---|
| 适合生门 | 服饰名称 | 图案 | 色彩 |
| 八贤王 | 蟒袍 | 绣云龙海水纹 | 黄色 |
| 王大儒 | 头戴文生巾，身着褶衣 | 无 | 蓝色 |

| 学习任务 | 问题探究 |
| --- | --- |
| 2. 了解不同生门形象的道具，并感知其在表演中所起的作用。 | 2. 生门所匹配的道具有哪些？这些道具各适合哪一类生门？<br>3. 道具在生门展演中起到了怎样的作用？ |

### 活动 2：轻言道具——巧挑道具之韵

（1）将不同的生门形象和相对应的道具连接起来。哪类生门适合使用哪些道具？

小生　　　武生　　　老生

拐杖　　　翎子　　　腰刀

（2）交流：这些道具在展演中各起到怎样的作用？

（拐杖：体现老态龙钟、德高望重；翎子：表现人物潇洒及复杂的心理；兵器：体现勇猛忠诚担当）

（3）选择自己感兴趣的一件道具，用线描的方法画一画。

| 学习任务 | 问题探究 |
| --- | --- |
| 3. 欣赏生门的基本功和表演程式，了解闽西汉剧生门的表演特点，准确把握动态美感。 | 4. 翎子功表演有什么独特之处？<br>5. 扇功有什么表演程式？ |

**活动 3：细腻展现——纷呈动态之韵**

（1）欣赏生门的程式化表演，感受翎子功、扇功的程式魅力。

（2）欣赏翎子功的动态表现，尝试用人物动态线绘制生门的动态。

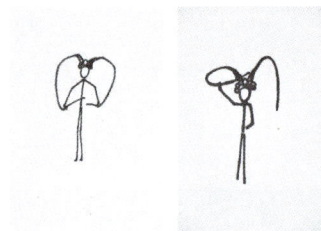

双翻翎　　　　　　　　　手绘人物动态线

（3）体验感受。

①欣赏扇功所呈现的动态，并大胆尝试表演，亲身体验动态之韵。

反臂扇　　　　　　　　　双举扇

②同桌之间，一人表演动态，一人用动态线画一画同桌。

手绘动态线

③在动态线的基础上完善人物动态。

（4）自主尝试探究：选择你印象较深的生门动态，完成《生门动态探究单》。

| 生门动态探究单 | | | | 动态之韵<br>（用线描画出生门人物动态） |
|---|---|---|---|---|
| 行当 | 表演程式 | 道具<br>（图或文） | 动态线 | 学生线描作品 |
|  |  |  |  |  |

续表

| 学习任务 | 问题探究 |
|---|---|
| 4.结合生门的基本功，用绘画或者泥塑方式表现生门的动态，体验生门的动态美。 | 6.如何生动地表现生门的动态？ |

**活动4：创意实践——凝练生门形象**

（1）借助人物动态线，用绘画或者泥塑方式表现一个生门形象的动态。
（2）添上合适的服饰、道具。

学生泥塑活动场景

**第三课　演绎生门意蕴**

| 学习任务 | 问题探究 |
|---|---|
| 1.了解不同生门所体现的人物性格，展现汉剧人物形象。 | 1.不同生门体现了哪些中华优秀传统美德？（精忠报国、振兴中华的爱国情怀） |

**活动1：形象传神——触动观众心灵**

（1）欣赏《状元媒》选段，通过人物的动态（执虎头枪及肢体动作）和语言感受不同生门的性格特征（如杨延昭精忠报国、忠肝义胆的崇高精神品质）。

《状元媒》选段

杨延昭救驾

117

（2）欣赏《王景弘》选段，感受王景弘不畏艰难、勇于探索、勇于创新的精神。

《王景弘》选段　　　　　　　王景弘

（3）欣赏《伯公灯》选段，感受老一辈革命家对党忠诚、不畏牺牲的精神。

《伯公灯》选段　　　　　　　邹剑飞

| 学习任务 | 问题探究 |
| --- | --- |
| 2. 了解为祖国做出贡献以及在生活中出现的生门形象。 | 2. 近现代涌现了哪些自强不息、敬业乐群、见义勇为、扶危济困、孝老爱亲的人物？<br>3. 你觉得用闽西汉剧生门形象表现他们时，可以从哪些方面来演绎？（从动作、语言方面来演绎） |

| 活动2：演绎传承——寻找可敬"生门" |
| --- |
| （1）根据所学知识，回顾生活中有哪些为祖国和人民做出贡献的人？他们的言谈举止是怎样的？体现了他们怎样的品格？<br>（2）试着扮演这一类在各行各业做出贡献的人，用闽西汉剧特有的腔调向大家展示他们的风采。（从人物的动态、语言上展示） |

| 学习任务 | 问题探究 |
| --- | --- |
| 3. 结合人物的优秀品格，创意性地创作一幅"生门"形象作品。 | 4. 用绘画、泥塑或展演的方法如何生动地表现你崇拜的"生门"形象？ |

| 活动3：承载创新——传播生门意蕴 |
|---|
| 为你崇拜的人物创作一幅"生门"形象作品。<br>要求：<br>①角色分明；<br>②生动表现人物动态；<br>③配以合适的道具或者服饰；<br>④为这位生门创编歌词或独白。<br><br><br>学生绘画作品展示<br><br><br>学生泥塑作品展示 |

| 学习任务 | 问题探究 |
| --- | --- |
| 4. 在闽西汉剧演员运用闽西汉剧唱腔以及独特伴奏乐器演唱的歌曲《领航》中，感受在中国共产党的领导下，各行各业以全新姿态投入社会主义建设中，谱写新的篇章。 | 5. 在中国共产党的领导下，你有哪些引以为傲的感受呢？ |

**活动4：拓展延伸——谱写奋进诗篇**

（1）从本单元所学的闽西汉剧相关知识以及闽西汉剧传习中心拍摄的主旋律歌曲《领航》视频中，你有哪些感受？

（2）传承和弘扬闽西汉剧，做一名"南国牡丹"的传播使者。

《领航》视频二维码　　　　　聆听非遗传承人介绍闽西汉剧

## 五、单元评价设计指南（表3-2）

表3-2　单元评价设计指南

| 评价内容 | | 1 | 2 | 3 | 4 | 5 | 评　语 |
|---|---|---|---|---|---|---|---|
| 审美感知 | 能够了解闽西汉剧的起源和文化意义。 | | | | | | |
| | 能够仔细观察生门的服饰、道具、动态等特征，进而感知生门所呈现的意蕴。 | | | | | | |
| 艺术表现 | 抓住生门的服饰、道具、动态等美术元素，运用绘画、泥塑等方式进行艺术实践活动。 | | | | | | |
| 创意实践 | 能够综合运用多学科知识分析生门的形式美、妆容美、动态美、品格美、意蕴美。 | | | | | | |
| | 能利用多种形式展现生门形象所体现的意蕴。 | | | | | | |
| 文化理解 | 体验生门的性格特征，能够找寻生活中的"生门"形象。 | | | | | | |
| | 能够弘扬中华民族真善美的情怀，做堂堂正正的中国人。 | | | | | | |

## 六、专家点评

　　马明超老师的"'南国牡丹'生门之蕴——闽西汉剧"大单元案例设计，是基于美术校本教材《非遗传承——闽西汉剧》内容，并结合闽西地方特色戏曲开展的非遗课程。该课程围绕人教版《美术》四年级上册"最受尊敬的人""今天我值日"，构建了一个逐层推进的人物表现课程。通过渐入式课堂，引导学生逐层思考和感受闽西汉剧中的生门，进而以点带面，理解闽西汉剧在传承中华传统美德及呈现核心思想理念方面的价值。

### （一）单元意识，聚焦核心

马老师在非遗进校园中，从培育学生的感知体验入手，让学生感悟闽西汉剧六行九当所呈现的角色特征。本单元形成自上而下逐层推进的纵向挖掘过程，从而形成完整的单元体系。课程伊始通过《闽西汉剧简介》的视频，揭开闽西汉剧的神秘面纱。在第三课时的拓展环节，借助采用闽西汉剧特有腔调创作的歌曲《领航》的视频，传递满满正能量，让学生在体会非遗的韵味中，进一步升华家国情怀。

### （二）艺美润心，拓思启智

本单元在引导学生感受生门之蕴时，以艺术大观念为主旨，采用音乐与美术相融合的形式，促进课堂的多元化生成。在课堂中，结合闽西汉剧经典剧目《状元媒》《伯公灯》等视频，让学生深刻感受闽西红土地非遗的独特魅力，从了解闽西汉剧到逐层探究闽西汉剧的生门，再到深入探究生门所呈现出来的美感，逐步激发学生对闽西汉剧的探究热情，促进学生寻访闽西汉剧传承人的意愿。在寻访过程中，进一步拓宽学生的思维，启迪学生的智慧。

### （三）意蕴迁移，弘扬美德

马老师的大单元教学设计，注重各个环节呈现出来的意蕴美，让学生深切感受闽西汉剧生门所体现出来的真善美的中华美德，继而引导学生寻找近现代生活中敬业乐群、见义勇为、孝老爱亲、为祖国做出贡献的各行各业的人，使得中华美德得以传扬，并在学生心中树立人类命运共同体意识。

（龙岩市教育局职教中心副主任 姜兆元）

# 南国牡丹，花开满园——闽西汉剧丑角之"美"

龙岩市第二中学　施石英

指导教师：国家级非遗闽西汉剧代表性传承人　伍银莲

一级演员、市级传承人　李勇洪

## 一、遇见非遗——闽西汉剧

### （一）导入语

悠悠汀江水，袅袅汉剧音。这是闽西人的乡音，客家人的乡愁。闽西汉剧于清朝雍正、乾隆年间以湖南班（楚南戏）为媒介（皮黄声腔）流入闽西，经过与闽西客家方言和民间艺术的不断融合，到嘉庆前后逐步形成了早期的闽西汉剧——"乱弹"。2006年，闽西汉剧被国务院文化部列入首批国家级非物质文化遗产名录，并被誉为"南国牡丹"。

闽西汉剧是福建省主要的地方戏曲剧种之一，角色行当分"生、旦、丑、公、婆、净"六行，唱腔以西皮、二黄为主，兼用部分昆腔、高腔、吹腔、南词北调，并吸收了大量在闽西、闽南广泛流行的民间小调及佛教、道教曲调。闽西汉剧剧目繁多、行当齐全，音乐唱腔悦耳动听、韵味无穷，被客家人亲切地誉为"家乡戏"。它不仅丰富了闽西人民的精神文化生活，还展现了民族文化传承的坚强生命力和独特价值，展示了中华民族的传统美德和人文精神，对维系民族文化传承有着重要意义。图3-5为闽西汉剧《花灯案》，图3-6为闽西汉剧传承人李勇洪。

图 3-5　闽西汉剧《花灯案》

图 3-6　闽西汉剧传承人李勇洪

## （二）闽西汉剧丑角之美（图 3-7）

图 3-7　闽西汉剧之美

## 二、课程标准研读

　　本单元课程基于《普通高中音乐课程标准（2017 年版 2020 年修订）》学科核心素养与课程目标，主要包括：①通过观赏、体验、理解、比较等途径，使学生初步了解戏剧（曲）艺术的一般规律，认知不同戏剧品种的主要特点以及戏剧中音乐的地位和作用。在此基础上，引导学生吸纳和传承优秀文化，涵养美感，追求崇高人文精神，增强对真善美的讴歌与塑造能力。②因地制宜组织学生积极参与不同形式的戏剧表演和编创实践，发展学生综合艺术表演及戏剧编创才能。在艺术表演情境中，丰富学生的情感，激发想象力，发挥创造力，培养自信心。③提高学生对戏剧的兴趣，巩固他们的戏剧表现与编创技能，积累戏剧表演的感性经验，增强在艺术表演活动中与他人沟通交流、合作协调的团队意识。通过音乐的感知和艺术表现，使学生理解中国民族文化的博大精深及其丰富的精神文化内涵。单元内容主要涵盖"音乐鉴赏""音乐与戏剧""戏剧表演"3个模块的内容，共3课时。

## 三、单元教学目标

### （一）课程目标

基于课程标准，本单元的教学目标如下：

1. 学生能够了解闽西汉剧的历史文化内涵、角色行当特点、伴奏乐器及艺术表演特征。

2. 学生能够通过欣赏感受、对比聆听、交流学习、实践探究等学习方式，了解闽西汉剧丑行的艺术特色，并尝试模仿表演一句唱腔、一个步伐、一段锣鼓、一张脸谱、一段身韵；结合丑行的特征创编一段小戏。

3. 学生能够通过剧目了解闽西汉剧的行腔韵律美、伴奏锣鼓美、程式动作美、脸谱服饰美，并理解闽西汉剧深厚的文化内涵美。

（通过理解闽西汉剧《花灯案》《伯公灯》中的丑角，感受其"丑"入人心的艺术魅力，领悟剧目中"小人物"所展现的"大世界"精神内涵。）

### （二）核心素养目标

1. 审美感知：欣赏感受闽西汉剧之"美"，了解闽西汉剧的文化渊源，了解相关行当的艺术特征。

2. 艺术表现：以闽西汉剧具体剧目为载体，开展艺术实践。综合闽西汉剧丑行的相关知识，围绕丑行特征开展实践创编，创造"美"。

3. 文化理解：理解闽西汉剧剧目中每一个人物、每一个故事、每一曲歌谣诉说的风土人情及红土地精神，它们承载着这片土地永存不朽的坦荡与闽西文化的根与魂。深入理解闽西汉剧中"丑角"这一"小人物"所蕴含的正义感和追求大同的观念，从而体现"大世界"中讲求仁爱、重视民本的中华优秀传统文化内涵。

### （三）学段学情特点

本单元课程是根据人音版教材"音乐与戏剧"模块中国戏曲的二、三、四单元内容设计，在活用教材、巧用教材的基础上拓展的地方非遗选修课程。本课程围绕"中国戏曲的表演程式与行当"等内容设计，选取闽西汉剧"丑行"这个切入点由点到面，引导学生了解闽西汉剧的相关知识；把握"丑行之美"这个关键词由表及里，开展教学实践，明晰"丑行之美"欣赏路径和由浅入深进行实践创编层层递进。落实体现音乐课程人文性、审美性和实践性的一脉相承，立德树人的根本任务。然而，大部分学生对闽西汉剧了解甚少，对其艺术特色、文化价值及背后深厚的文化内涵缺乏深入的认识。因此，本课程以导戏、赏戏、学戏、演戏、评戏、留戏为线索，引导学生深入了解和赏析闽西汉剧，从而增强学生对闽西汉剧这一非遗文化的认识和重视。

## 四、单元教学任务

### （一）单元课程结构（图3-8）

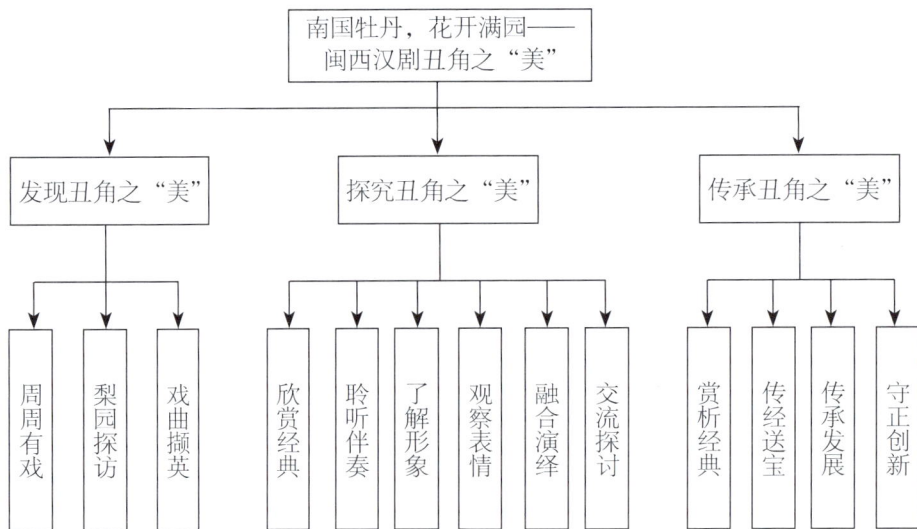

图3-8　单元课程结构

（二）单元结构设计（表3-3）

表3-3　南国牡丹，花开满园——闽西汉剧丑角之"美"

| 第一课　发现丑角之"美" | |
|---|---|
| 学习任务 | 问题探究 |
| 1. 欣赏"周周有戏"，了解闽西汉剧的经典剧目与行当知识。 | 1. 台上表演属于何剧种？<br>2. 闽西汉剧中最具特色的行当是什么？ |
| 活动1：周周有戏——遇见"非遗"闽西汉剧之美 | |

欣赏闽西汉剧《史碑鉴》选段，辨别剧种及剧中的行当角色。

闽西汉剧《史碑鉴》选段欣赏

| 学习任务 | 问题探究 |
|---|---|
| 2. 通过《闽西汉剧访谈》节目，了解闽西汉剧的历史文化与基本的艺术特征。 | 3. 闽西汉剧与其他剧种（京剧）相比有何异同？ |
| 活动2：梨园探访——了解闽西汉剧之美 | |

（1）观看闽西汉剧访谈视频，了解闽西汉剧的历史文化、唱腔、乐器以及行当特征等相关知识。

《闽西汉剧访谈》

（2）对比闽西汉剧与京剧的异同。

| 剧 种 | 时 间 | 行 当 | 主奏乐器 | 唱腔 | 板式 |
|---|---|---|---|---|---|
| 京 剧 | | | | | |
| 汉 剧 | | | | | |

| 学习任务 | 问题探究 |
|---|---|
| 3. 欣赏闽西汉剧《点马》选段，了解闽西汉剧丑行表演形式的特点。 | 4. 丑行的表演有何特点？ |

| 活动3：戏曲撷英——初识汉剧丑角之美 |
| --- |

欣赏《齐王求将》选段《点马》，交流、探讨这段表演的特点。

**闽西汉剧《点马》选段**

| 第二课　探究丑角之"美" | |
| --- | --- |
| 学习任务 | 问题探究 |
| 1. 欣赏闽西汉剧《花灯案》选段（音频），辨识不同行当的表演特点，了解丑行人物刻画的形象特点。<br>2. 运用"四功五法"，从手、眼、身、法、步方面感受、赏析丑行表演的艺术魅力。 | 1. 闽西汉剧《花灯案》塑造了一个怎样的县官形象？<br>2. 闽西汉剧《花灯案》是如何塑造县官这一形象的？ |

| 活动1：欣赏经典——感受腔韵之美 |
| --- |

（1）欣赏闽西汉剧《花灯案》选段（音频），了解作品描绘了怎样的人物形象？

（2）闽西汉剧《花灯案》选段中运用了哪些手段来刻画这一形象的？

（3）感受唱腔，了解闽西汉剧丑角的念白、唱腔等特点。

**《花灯案》选段（音频）**

**《花灯案》选段**

| 学习任务 | 问题探究 |
| --- | --- |
| 3. 了解闽西汉剧乐队的相关知识，体验闽西汉剧的锣鼓之美。 | 3. 闽西汉剧的主奏乐器有哪些？乐队编制有何特点？ |

**活动 2：聆听伴奏——体验锣鼓之美**

（1）赏析《花灯案》选段视频。

（2）了解闽西汉剧乐队的构成及锣鼓经的相关知识。

（3）分组练习，合作完成锣鼓经表演。

《花灯案》选段（视频）　　　　　闽西汉剧乐队简介

---

任务单

1. 闽西汉剧《花灯案》选段中县官出场片段的伴奏乐器有哪些？

2. 闽西汉剧的乐队分为（文场）和（武场），文场的主奏乐器有哪些？武场的主奏乐器有哪些？

3. 什么是锣鼓经？

4. 请记录赏析作品中县官出场时的锣鼓经片段。

5. 分组练习，合作表演锣鼓经片段。

---

| 学习任务 | 问题探究 |
| --- | --- |
| 4. 再次赏析闽西汉剧《花灯案》选段视频（二维码见上方），深度感受、体验县官丑行的唱腔、步法等特征。 | 4. 丑角的步法动作表演有何特点？ |

**活动 3：了解形象——模仿动作之美**

（1）再次欣赏闽西汉剧《花灯案》选段视频（二维码见上方），深度感受、体验县官丑行的唱腔、步法等特征。

（2）模仿丑角"耸肩抬轿"和"矮子步"表演。

| 学习任务 | 问题探索 |
| --- | --- |
| 5. 探索闽西汉剧丑行脸谱的特点。 | 5. 闽西汉剧丑角的脸谱有什么特点？ |
| 6. 现场画脸谱，自主探究并演绎喜怒哀乐的戏剧表情。 | 6. 闽西汉剧丑角的脸谱蕴含着怎样的人生哲理？ |

| 活动4：观察表情——探索脸谱之美 |
| --- |

（1）欣赏并观察《丑行脸谱》简介，了解闽西汉剧丑行脸谱的特征。

（2）探索并观察人物脸部微表情与闽西汉剧脸谱之间的联系，通过画脸谱、微表情，自主探究并演绎喜怒哀乐的戏剧表情。

（3）学生展示探究成果。

《丑行脸谱》简介

学生创意脸谱

| 学习任务 | 问题探究 |
| --- | --- |
| 7. 模仿表演，合作展示。 | 7. 认真观察作品中的表演与动作，体会人物的心境。你认为怎样才能更好地展现人物行当的特色？ |

| 活动5：融合演绎——表现丑角之美 |
| --- |

（1）再次完整欣赏并感受选段，认真观察作品中的表演与动作，体会人物的心境。

（2）把课堂学习的唱、念、做、打等结合起来，模仿表演一小段。

师生合作表演展示

| 学习任务 | 问题探究 |
| --- | --- |
| 8. 探讨剧中人物展现的精神品质。 | 8. 丑角如何通过极富特色的表演来传递精神内涵？ |

续表

| 活动 6：交流探讨——领悟丑角的内涵之美 |
|---|
| （1）交流探讨本节课的学习收获与感受。<br>（2）评戏：丑角如何通过极富特色的表演传递精神内涵？ |

| 第三课　传承丑角之"美" | |
|---|---|
| 学习任务 | 问题探究 |
| 1. 欣赏闽西汉剧现代戏，了解闽西汉剧现代戏《伯公灯》所蕴含的相关历史文化价值。<br>2. 赏析《伯公灯》木头选段，了解闽西汉剧现代戏丑角的艺术特征及传递的精神内涵。 | 1. 闽西汉剧现代戏与传统戏有何异同？<br>2. 闽西汉剧现代戏中的丑角表演有哪些特征？ |

| 活动 1：赏析经典——重温闽西汉剧红色文化之美 |
|---|
| （1）欣赏大型闽西汉剧现代戏《伯公灯》宣传片头，了解闽西汉剧现代戏的特点和《伯公灯》的相关历史文化。<br>（2）赏析《伯公灯》木头选段，了解闽西汉剧现代戏丑角的艺术特征及传递的精神内涵。 |

《伯公灯》片头　　《伯公灯》木头选段　　　　　　《伯公灯》剧照

| 学习任务 | 问题探究 |
|---|---|
| 3. 邀请专业丑角演员进校园，为"非遗"课堂增添光彩。<br>4. 跟着专业演员学习经典剧目。 | 3. 专业演员的表演有何特点？ |

| 活动 2：传经送宝——点燃"非遗"课堂之美 |
| --- |

（1）专业演员进课堂并与学生进行交流。

（2）学生赏析作品并进行交流探讨。

（3）"现学现卖"，进行学习展示。

（4）探讨传统戏中的丑行与现代戏中的丑行的表演有何异同。

专业演员进课堂

（5）对比学习，完成以下表格。

| 闽西汉剧传统戏与现代戏丑行表演的异同 | | | | | |
| --- | --- | --- | --- | --- | --- |
| | 唱腔 | 伴奏音乐 | 化妆 | 服饰 | 程式动作 |
| 传统戏 | | | | | |
| 现代戏 | | | | | |

（6）学习以下唱段。

二木头上场音乐（害怕地、轻奏）

二木头：（二黄二六）滑稽地（害怕地、轻奏）

总 觉 一 得 —— 脑 后 一 脖 颈 架 着 一 刀 —— 暑 天

打 冷 颤 —————— 通 身 凉 一 飕 飕 ————————

《伯公灯》选段

| 学习任务 | 问题探究 |
| --- | --- |
| 5.完成自创表演或者命题表现丑行之"美"。（用上锣鼓、念白、身韵、造型设计等） | 4.如何以闽西汉剧丑行特有的韵味、形象来创编、演绎一小段戏？ |

### 活动 3：传承发展——创造表现丑角之美

（1）回顾丑行的特征，完成自创表演或者命题表演。

（2）分组合作，创戏、演戏。

①以丑行表演特征，进行防溺水和交通安全宣传。

②运用课堂所学的刻画丑行特征的手法（手、眼、身、法、步），表现以下人物状态：

吉星高照　眉开眼笑

又喜又怕　心惊肉跳

| 学习任务 | 问题探究 |
| --- | --- |
| 6.总结回顾，评价提升。<br>7.留住乡愁，做闽西精神文化的传播者。 | 5.怎样更好地将闽西汉剧融入生活中，让越来越多的年轻人喜爱？<br>6.如何传承和发展闽西汉剧？ |

### 活动 4：守正创新——传承演绎丑角之美

（1）评戏：《伯公灯》给你带来怎样的收获？（"伯公灯，闪闪亮，盏盏亮在我心头。"红军就像天下百姓心头的灯，与百姓同呼吸、共命运、不怕牺牲、闪闪发光。这是一个故事，也是一个时代！）

（2）重温闽西汉剧《伯公灯》中的红色文化与革命历史，传递社会正能量。

（3）交流、探讨、评述如何成为闽西精神文化的传播者，以更好地留住"乡愁"，传承和演绎闽西汉剧精神内涵之"美"？（闽西汉剧作为首批国家级非遗艺术，传承发展、与时俱进、守正创新，以她独特的魅力，传承与演绎闽西精神。我们一路播种着、深耕着……）

## 五、单元评价设计指南（表3-4）

表3-4　单元评价设计指南

| 评价内容 | | 1 | 2 | 3 | 4 | 5 | 评　语 |
|---|---|---|---|---|---|---|---|
| 审美感知 | 了解闽西汉剧的历史起源，能够识别并描述闽西汉剧的基本特征。 | | | | | | |
| | 能够通过欣赏和体验，说出丑行的特色。 | | | | | | |
| 艺术表现 | 能够通过感受和模仿体验，表达作品中的情绪、情感与情境。 | | | | | | |
| | 在创编实践中能体现个人的风格特色和创意智慧，并大胆展现出来。 | | | | | | |
| 文化理解 | 能够通过口头或书面作品，表述对闽西汉剧文化的认识和丑行艺术表演的理解。 | | | | | | |
| | 在参与综合实践探索活动中，能主动学习和探究；在交流合作时，能尊重、理解他人的看法。 | | | | | | |

## 六、专家点评

　　施石英老师的"南国牡丹，花开满园——闽西汉剧丑角之'美'"大单元案例，选自龙岩二中闽西汉剧文化进校园校本课程。该课程包括第三单元第五节传统戏《花灯案》第六场"断案"选段和第四单元第七节现代戏《伯公灯》选段，用于拓展教学内容。

　　施老师的课立足民族音乐文化，以国家非遗闽西汉剧为学习内容，体现了以学习为中心、以审美为核心的新课程理念。教学设计清晰准确，牢牢把握教学关键。任务式问题驱动、情境式体验活动、分层式评价设计以及探究式思维培养，皆指向学生音乐核心素养的实现，完美呈现大单元的新型教学范式。

　　本课程以"导戏—赏戏—学戏—演戏—评戏—留戏"为主线，通过"一段锣鼓、一个步法、一句唱腔、一组身韵"的学习体验，设计真实表现性任务，规划由浅入深的系列探究活动，培养学生分析综合、创造性运用的高阶思维能力，形成审美的自觉性、探究的主动性和热爱的持久性。让学生领悟闽西汉剧"丑角"的艺术特征和魅力。通过丰富的实践对比体验，探究闽西汉剧——"丑角"的大美艺术内涵及风格特征，唤醒他们对家乡非遗文化的热爱，激发他们对国家级非遗文化闽西汉剧的弘扬、传承和创新的思考。立足立德树人理念，培养全面发展的人才，引导学生在文化传承中扎根成长。

　　本课程的主要特点如下。

　　1. 具有趣味性：选材具有"喜感"，"丑角"之美新颖有趣。教学内容以传统戏《花灯案》与红色题材大型现代戏《伯公灯》选段进行对比鉴赏，激发学生对闽西汉剧鉴赏的热情。

　　2. 具有逻辑性：本课程的教学思路具有较好的逻辑性，包括导戏、赏戏、学戏、演戏、评戏、留戏六个环节。从导戏激趣入手，以赏戏视听为基础，以学戏体验为重点，以演戏编创为提升，以评戏对比为思辨，以留戏延伸为保持。

　　3. 具有直观性：教师自身有较好的戏曲功底，其直观表演起了很好的示范作用，拉近了学生与闽西汉剧的距离。而闽西汉剧演员进课堂的表演互动，更激发了学生的学习兴趣，使他们更深刻地体悟到闽西汉剧"丑角"之"美"。

　　4. 具"挑战性"：整个教学设计重在感受体验"丑角"之美，实践展示"丑角"之"美"，进而运用知识再创"丑角""美"，最后品味感悟"丑角"艺术之大美。这个学习过程具有一定的深度和难度，对高中学生具有挑战性，能够有效地调动学生的创新精神和科学思维。

（龙岩市教育科学研究院中小学音乐教研员　谢荷香）

# 农耕画影——漳平新桥农民画

福建农民画省级非遗传承人　吴玉环

漳平市新桥中心学校　黄媛珊

## 一、画笔上的非遗——漳平新桥农民画

### （一）导入语

一手握着锄头种庄稼，一手拿起笔头"种"文化，这是漳平新桥农民画家们的真实写照。农民画在新桥镇已有百年历史。1989年，新桥镇被原文化部命名为"现代民间绘画之乡"，成为当时全国唯一的乡镇级"画乡"。2008年、2021年，新桥镇分别被命名为"民间文化艺术之乡"。2019年，漳平农民画被列入福建省第六批省级非物质文化遗产名录。

漳平新桥农民画立足本土，以农民作者为主体，以"三农"为主要题材，吸收传统艺术精华，联系生活实际，把民间味、乡土味、装饰味和现代味融为一体。在文化部门的扶持下，漳平农民画不仅成为对外文化交流的名片，还是福建省美术界不可多得的艺术瑰宝。图3-9为漳平农民画《年年好》，图3-10为农民画非遗传承人吴玉环。

图3-9　漳平农民画《年年好》

图3-10　农民画省级非遗传承人吴玉环

## （二）漳平农民画之美（图 3-11）

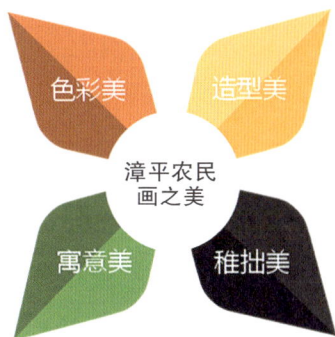

图 3-11　漳平农民画之美

## （三）农民画进课堂

漳平新桥绘画之风由来已久，至今已有上百年历史。一直以来，漳平各级领导很重视农民画的传承与发展。在漳平市教育局的指导下，漳平各级各类学校的美术教师以传承农民画为己任，其中新桥中心学校开展了"农民画艺术工作坊""小小传承人培训""青年教师农民画培训班"等特色校活动，这些活动已成为学校的"校本"课程，乃至编入乡土教材（图 3-12）。工作坊立足传统，创新发展，从理论到实践，指导学生及年轻教师创作农民画（图 3-13）。美育在学校教育中占有重要的地位，是践行立德树人的重要环节。农民画中记录着淳朴民风民俗以及人们对美好生活的向往，是美的缩影和价值观的体现。在学校的美育教育中传承和汲取农民画的美学价值和教育价值，具有非凡的意义。

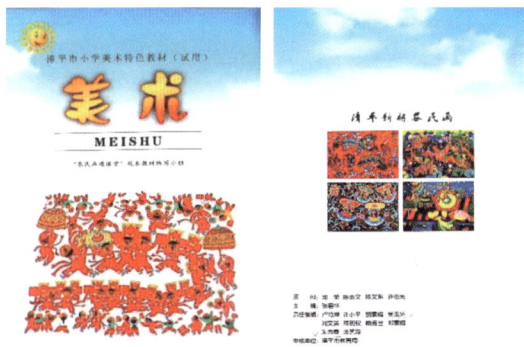

图 3-12　农民画进校园　乡土教材

图 3-13　新桥中心学校农民画艺术工作坊

## 二、课程标准研读

本单元课程基于《义务教育艺术课程标准（2022年版）》第二学段（3～5年级）美术学科目标，主要包括：①能运用造型元素、形式原理和欣赏方法，欣赏、评述艺术家的作品，感受中外美术作品的魅力；②能运用传统或现代的工具、材料和媒介，创作平面、立体或动态等表现形式的美术作品，表达自己的所见所闻、所感所想，学会以视觉形象的方式与他人交流；③能利用不同的工具、材料和技能，制作传统工艺品，学习工艺师敬业、专注和精益求精的工匠精神。单元内容主要涵盖"欣赏·评述""造型·表现""设计·应用""综合·探索"4类艺术实践，共3课时。

## 三、单元教学目标

### （一）课程目标

基于课程标准，本单元的教学目标如下：

1. 学生能够了解新桥农民画作品的文化内涵、艺术特点和创作步骤（方法）。

2. 学生能够通过主题创作，运用农民画的形式表达自己的所见所闻、所感所想，学会以视觉形象的方式与他人交流。

3. 学生能够理解农民画的内涵与作用，感受农民画色彩美、造型美、稚拙美、地域美、寓意美的魅力，理解中国传统美术具有强大的生命力和凝聚力，增强文化自信。

### （二）核心素养目标

1. 审美感知：感受新桥农民画作品的特征及意义，了解农民画的艺术语言、艺术形式、情感表达，帮助学生发现美、感受美，丰富审美体验，提升审美情趣。

2. 艺术表现：通过进行农民画创作，表达思想感情，认识艺术与生活的广泛联系，增强形象思维能力，培养热爱生命和生活的态度。

3. 创意实践：紧密联系生活实际，激发灵感，生成独特的想法，学会用感悟、讨论、比较等方法积极创作，形成创新意识，提高艺术实践能力，增强团队精神。

4.文化理解：通过传统文化的学习，感悟我国深厚的文化底蕴，传承和弘扬中华优秀传统文化、革命文化、社会主义先进文化，坚定文化自信，铸牢中华民族共同体意识。

### （三）学段学情特点

本单元课程系根据人教版《美术》四年级下册教材"设计文化衫"内容设计，是在活用和巧用教材的基础上拓展的非遗课程。本课程围绕四年级下册第十二课"平凡的美"与第十课"那一刻的我"构建了一个层层递进的农民画学习单元。学生在之前的课程中已对农民画的基本概念和技巧有了初步了解，为本课程的学习打下了坚实的基础，然而大部分学生对新桥农民画的了解尚显不足，对其艺术特色、文化价值及背后深厚的文化内涵缺乏深入的认识。因此，本课程旨在引导学生更深入地了解和欣赏新桥农民画，从而增强对本地非遗文化的认识和重视。

## 四、单元教学任务

### （一）单元课程结构（图3-14）

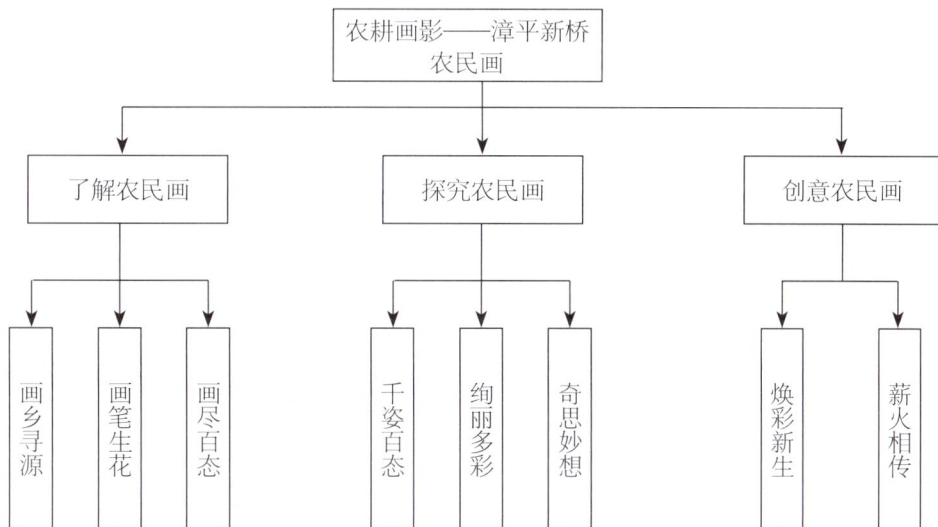

图3-14 单元课程结构

## （二）单元结构设计（表 3-5）

表 3-5　农耕画影——漳平新桥农民画

| 第一课　了解农民画 | |
|---|---|
| 学习任务 | 问题探究 |
| 1. 了解漳平新桥"中国现代民间绘画之乡"的历史。 | 1. 漳平新桥农民画有多少年的历史？<br>2. 漳平新桥农民画是非物质文化遗产吗？<br>3. 漳平新桥农民画现在的发展如何？ |

**活动 1：画乡寻源——新桥"中国现代民间绘画之乡"的历史**

（1）课前观看视频，进行自主学习。

科普视频二维码

（2）课前根据"学案单"自主探究结果，分享所了解到的漳平新桥作为"中国现代民间绘画之乡"（以下简称"画乡"）的历史。

| 漳平新桥"中国现代民间绘画之乡"的历史探究 | |
|---|---|
| 地理位置 | 视频中介绍的"画乡"位于哪个乡镇？ |
| 历史发展 | 漳平新桥农民画从起源发展至今有多少年历史？<br>漳平新桥哪一年被授予"画乡"的称号？<br>漳平新桥农民画现在的发展如何？ |
| 非遗影响 | 漳平新桥农民画是什么级别的非物质文化遗产？<br>漳平新桥农民画是在哪一年被列入非物质文化遗产名录的？ |

| 学习任务 | 问题探究 |
|---|---|
| 2. 了解新桥农民画的意义。 | 4. 什么是新桥农民画？<br>5. 农民画有什么作用？ |

| 活动 2：画笔生花——漳平新桥农民画的意义 |
|---|

（1）初步感受：带领学生到新桥镇政府农民画艺术馆近距离参观农民画优秀作品，并请农民画家进行讲解。

新桥学生走入农民画艺术馆参观

（2）参观艺术馆后完成探究单

| 探索新桥农民画的艺术特色 | |
|---|---|
| 画种的由来 | 什么是新桥农民画？它只是指新桥农民画的画吗？它和别的画种有什么区别？ |
| 农民画的作用 | 农民画有什么社会作用或意义？ |

| 学习任务 | 问题探究 |
|---|---|
| 3.了解农民画的主要题材与艺术风格。<br>4.认识漳平新桥农民画与其他画乡农民画之间的区别。 | 6.农民画的主要题材有哪些？农民画只画农民劳动、生产和生活吗？<br>7.农民画和其他画种比起来有什么独特的艺术风格吗？<br>8.漳平新桥农民画和其他画乡农民画在地域风情上有哪些差异？<br>9.你觉得农民画美吗？美在哪？ |

续表

| 活动3：画尽百态——新桥农民画的题材与艺术风格 |
| --- |

（1）观察分析，这几幅农民画在题材上有什么不同，图案有什么特色？

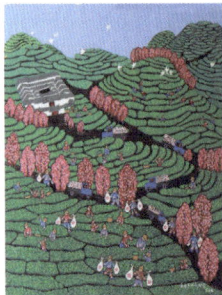   

陈龙山《喜望茶山美　　　王秀珍《祈福》　　陈明权《一路青莲》　　尤淑珍《藕塘欢歌》
如画》

（2）观察农民画，和其他画种相比有哪些独特的艺术风格？

陈明权《碧灵新韵》　　　马远《山楼来凤图》　　希施金《傍晚的橡树林》

（3）漳平新桥农民画与其他画乡的农民画在地域风情上有什么不同呢？

  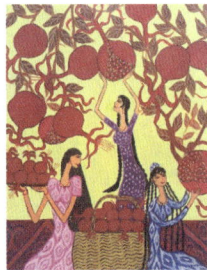

漳平农民画　　　　　　贵州农民画　　　　　　新疆农民画

续表

| 第二课　探究新桥农民画 | |
|---|---|
| 学习任务 | 问题探究 |
| 1. 了解并思考新桥农民画的造型特点，学会运用造型元素、形式原理和欣赏方法，欣赏、评述新桥农民画作品。 | 1. 看一看：新桥农民画的造型有什么特点？<br>2. 想一想：新桥农民画的造型元素和其他民间元素有什么共同点？<br>3. 说一说：你觉得还有什么民间元素可以融入新桥农民画当中。 |

**活动1：千姿百态——夸张造型的表现**

（1）观察新桥农民画作品，了解它们的造型特点。

（2）选择一个自己喜欢的形象，结合新桥农民画的造型特点进行夸张变形，并把它描绘在图画纸上。

学生创作

| 学习任务 | 问题探究 |
|---|---|
| 2. 了解并思考新桥农民画的色彩特点。通过调和不同颜色，认识颜色传递的情感。 | 4. 新桥农民画在色彩上有什么特点？<br>5. 新桥农民画和其他民间作品在色彩体系上有什么共同点？<br>6. 新桥农民画常用什么颜料进行赋色？在上色过程中有什么技巧？ |

| 活动 2: 绚丽多彩——鲜艳明快的色彩搭配 |
| --- |

（1）观察新桥农民画作品的色彩特点。

（2）比较新桥农民画与刺绣、年画等在色彩上的共同点。

学生观察比较农民画与刺绣、年画作品

（3）了解新桥农民画常用颜料的特性，并尝试上色。

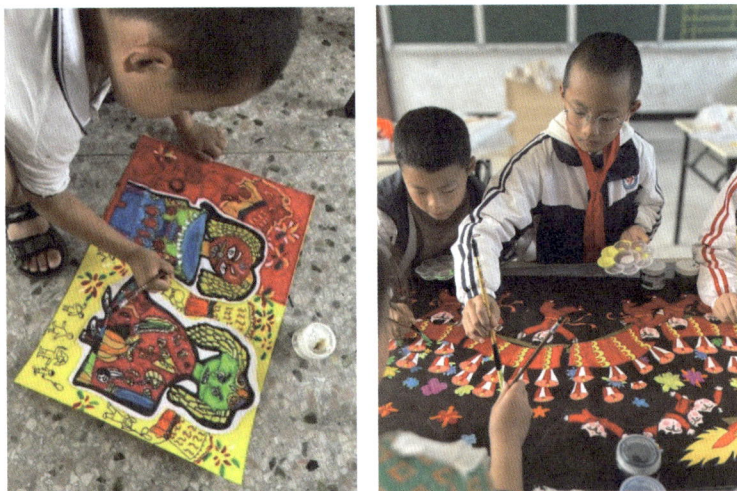

学生了解农民画颜料，尝试上色

| 学习任务 | 问题探究 |
| --- | --- |
| 3. 了解新桥农民画的构思与创作，运用造型元素表现自己的所见所闻、所感所想，学会以视觉形象的方式与他人交流。 | 7. 创作什么主题的新桥农民画？<br>8. 采用什么样的构图形式？<br>9. 新桥农民画的创作步骤有哪些？ |

| 活动3: 奇思妙想——新桥农民画的创作构思 |
|---|
| （1）确定主题，收集相关素材，围绕主题进行精心构思。<br>（2）描绘线稿，确定色调并赋色，根据形状进行装饰。<br><br><br><br>学生活动照片 |

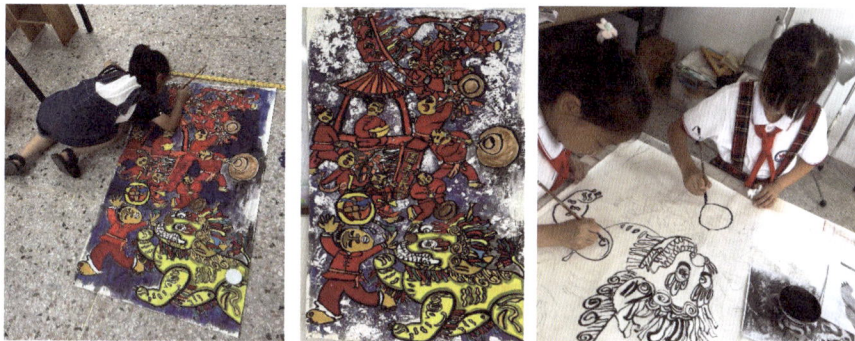

| 第三课　创意农民画 | |
|---|---|
| 学习任务 | 问题探究 |
| 1. 观察并自主发现问题，运用头脑风暴等方式激发发散性思维，将创意以手绘草图的形式设计出具有农民画文化内涵的文创产品。 | 1. 你设计的文创作品里漳平新桥农民画的元素体现在哪里？<br>2. 你设计的文创作品主要有什么功能？（服装、扇子、灯具等） |

| 活动1：焕彩新生——农民画文创产品设计 |
|---|
| （1）观察并思考新桥农民画可以开发什么文创产品？<br>（2）设计并绘制新桥农民画文创产品。<br><br><br><br>学生设计的新桥农民画文化衫 |

| 学习任务 | 问题探究 |
|---|---|
| 2. 选择适当的工具和材料，巧妙构思并精心制作新桥农民画文创产品。举办现场展演活动和户外少儿画展。<br>3. 引导学生理解"设计服务于生活并改善我们的生活"。 | 3. 在设计制作新桥农民画文创产品过程中，你是否遇到了什么问题？你的解决方法是什么？<br>4. 新桥农民画文创产品如何服务于我们的生活？ |

**活动 2：薪火相传——画乡活动助发展**

（1）精心制作新桥农民画文创产品。借助画乡新媒体平台展演农民画文创产品。

学生制作的新桥农民画文创产品

（2）借助画乡活动，举办户外少儿画展。

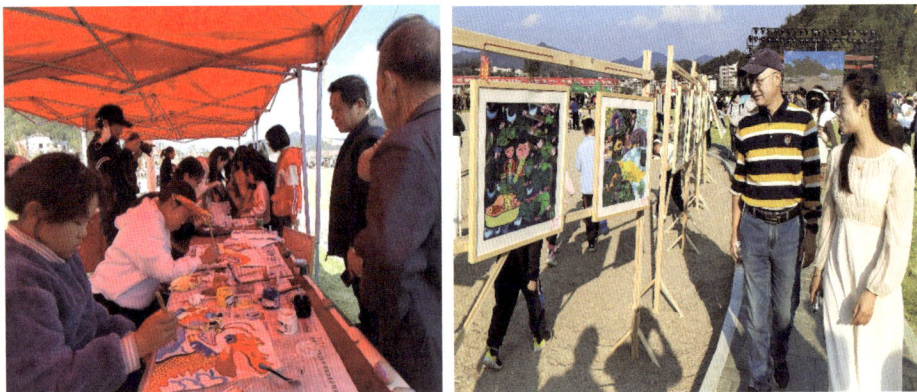

现场创作新桥农民画　　　　　　新桥农民画户外画展现场

## 五、单元评价设计指南（表3-6）

表 3-6　单元评价设计指南

| 评价内容 | | 1 | 2 | 3 | 4 | 5 | 评　　语 |
|---|---|---|---|---|---|---|---|
| 审美感知 | 了解新桥农民画作品的文化内涵、艺术特点和创作步骤（方法）。 | | | | | | |
| | 能够感受新桥农民画作品的特征及意义，了解农民画的艺术语言、艺术形式和情感表达。 | | | | | | |
| 艺术表现 | 学生能够通过主题创作，运用农民画的形式表达自己的所见所闻、所感所想，学会以视觉形象的方式与他人交流。 | | | | | | |
| | 通过进行农民画创作，表达思想感情，认识艺术与生活的广泛联系，增强形象思维能力，培养热爱生命和生活的态度。 | | | | | | |
| 创意实践 | 通过农民画作品进行文创产品设计，学会用感悟、讨论、比较等方法积极创作，形成创新意识。 | | | | | | |
| | 能够紧密联系生活实际，激发灵感，生成独特的想法，提高艺术实践能力，增强团队合作精神。 | | | | | | |
| 文化理解 | 学生能够理解农民画的内涵与作用，感受农民画色彩美、造型美、稚拙美、地域美、寓意美的魅力，理解中国传统美术具有强大的生命力和凝聚力，增强文化自信。 | | | | | | |
| | 通过传统文化的学习，感悟我国深厚的文化底蕴，传承和弘扬中华优秀传统文化、革命文化、社会主义先进文化，坚定文化自信，铸牢中华民族共同体意识。 | | | | | | |

## 六、专家点评

黄媛珊老师的"农耕画影——漳平新桥农民画"大单元案例设计，基于《义务教育艺术课程标准（2022年版）》第二学段（3~5年级）美术学科目标，以漳平新桥农民画为主题。该设计主要涵盖"欣赏·评述""造型·表现""设计·应用""综合·探索"4类艺术实践，通过问题引领单元整体教学，注重学生核心能力的培育，实施科学评估体系，强化课程的育人功能。

### （一）第二课堂，沉浸体验

黄老师精心策划了课前实地考察活动，带领学生前往新桥镇农民画艺术馆，让学生近距离观摩优秀的农民画作品，还特邀了农民画家现场为学生带来生动的讲解。通过这种"沉浸式"的艺术教育方式，学生们深入了解了农民画的历史背景及其所蕴含的社会价值与深远意义。通过馆校合作公共课程"展厅里的农民画课"，开启第二美育课堂，实践漳平新桥农民画美育课程探索与创新路径。

### （二）模块体系，探究认知

黄老师通过造型表现、色彩搭配、创作构思等模块内容的设计，以体系化、进阶式的形式，循序渐进地引导学生探究漳平新桥农民画的艺术特质。这一过程不仅有效提升了学生对漳平新桥农民画的观察力、鉴赏力和表达力，还提高了漳平新桥农民画在学生心目中的价值认同。

### （三）学科融合，实践创新

黄老师在传承漳平新桥农民画的基础上，巧妙地融入了传统工艺与现代文创设计理念。她引导学生自主创意设计并制作农民画文创产品，并利用画乡新媒体平台进行展示和推广。在深入了解漳平新桥农民画的传统文化和技艺的基础上，将农民画课程教育与创意设计相结合，引导学生开展跨学科创作实践，对农民画艺术进行二次设计和创作。这不仅激发了学生的创造力，培养了他们的综合素质和跨学科思维能力，还有助于提升学生的艺术综合素养。

建议在今后的课程中，黄老师依据教学目标，在指导学生进行漳平新桥农民画探究实践、设计创新、展示交流的过程中，增加多维、开放和多元的过程性评价，以检验学生阶段性的学习成果。同时，在落实立德树人根本任务中，通过漳平新桥农民画美育课程，进一步达到"陶冶高尚情操，塑造美好心灵"的育人效果。

（龙岩学院传播与设计学院副教授　朱荔婷）

闽北位于福建省的北部，这里地灵人杰，名流辈出。这里的地形以山地为主，群山起伏，河谷纵横，生态环境优美，是福建省的"绿肺"与重要的水源地。被誉为"世界文化与自然双重遗产"的武夷山，是中国茶文化的发源地之一，是万里茶道的起点，更是习近平总书记"第二个结合"的首提地。闽北地区文化底蕴深厚，是福建省的重要文教区之一。这里不仅是朱熹等理学大家的故乡，也是闽学的发源地，孕育了深远的儒家文化。此外，闽北的地方文化丰富多彩，充满了山水间的灵气与人文气息。这里的传统工艺、戏曲艺术以及茶文化，展现出闽北人民的智慧与勤劳，也为这片土地增添了无尽的文化魅力。

武夷学院艺术学院副院长、教授 李亮

# 闽北篇

# 幡影舞春秋——闽北建瓯挑幡

建瓯市建州教育集团第三小学　谢曼华
指导教师：建瓯挑幡非遗传承人　朱石良

## 一、非遗之窗——闽北建瓯挑幡

### （一）导入语

建瓯挑幡，亦称建安幡、建州幡、建宁幡，简称"建幡"（图4-1）。其幡体以"长"和"重"著称，挑幡技巧则以"雄"和"刚"闻名。幡体全长10余米，重达10~20千克。建瓯挑幡于2005年被认定为首批省级非物质文化遗产，并于2008年被列入国家级非物质文化遗产扩展名录。这一独特的民间习俗，拥有超过340年的历史，源自民族英雄郑成功招募闽北勇士参与渡海收复台湾的壮举。勇士们经过激烈的战斗，取得胜利后凯旋，当地百姓为他们举行宴会和戏曲表演以示庆祝。胜利归来的将士们将带回的军旗高高挂在竹竿上挥舞以示胜利，并以此缅怀牺牲的战友。该习俗逐渐演变成建瓯地区特有的挑幡民俗。挑幡表演不仅需要力量，更讲究技巧，要求表演者达到刚柔并济、动静结合的境界。它为观众带来力量的震撼和美的享受，展现了中原文化与闽越文化交融的深厚历史文化底蕴。图4-2为建瓯挑幡技艺传承人朱石良。

图4-1　建瓯挑幡　　　图4-2　建瓯挑幡技艺传承人朱石良

## （二）挑幡之美（图4-3）

图4-3 挑幡之美

# 二、课程标准研读

本单元课程基于《义务教育艺术课程标准（2022年版）》第三学段（6～7年级）美术学科目标，主要包括：①能运用造型元素、形式原理和欣赏方法，欣赏、评述艺术家的作品，感受中外美术作品的魅力；②能运用传统或现代的工具、材料和媒介，创作平面、立体或动态等表现形式的美术作品，表达自己的所见所闻、所感所想，学会以视觉形象的方式与他人交流；③能利用不同的工具、材料和技能，制作传统工艺品，学习工艺师敬业、专注和精益求精的工匠精神。④能以个人或小组合作的方式，探究各种问题，将不同学科的知识融为一体，增强综合探索与学习迁移的能力。单元内容主要涵盖"欣赏·评述""造型·表现""设计·应用""综合·探索"4类艺术实践，共3课时。

# 三、单元教学目标

## （一）课程目标

基于课程标准，本单元的教学目标如下：

1.学生能够了解挑幡的艺术特点、文化内涵、制作技艺及其基本挑幡技法。

2. 学生能够通过直观感受、比较分析、交流评述、实践探究等学习形式，学会欣赏并分析闽北挑幡的艺术特色，并运用传统闽北挑幡的制作技艺尝试仿制一件挑幡作品。

3. 学生能够理解挑幡背后的非遗文化内涵、艺术价值及工匠精神。

### （二）核心素养目标

1. 审美感知：通过对挑幡艺术特点、文化内涵、制作技艺的探究，感受挑幡结构、形式、色彩及动作之美。

2. 艺术表现：以黏土为载体，根据挑幡的艺术特点，尝试制作一件挑幡作品。

3. 创意实践：综合运用多学科知识，根据挑幡的结构、形式和色彩之美进行个性化的创作。

4. 文化理解：在挑幡的学习与体验中，理解挑幡的艺术价值、文化内涵与工匠精神。

### （三）学段学情特点

本单元课程系根据人美版《美术》六年级下册教材"浮雕"内容设计，是在活用教材、巧用教材的基础上拓展的非遗课程。本课程围绕六年级下册第四课"雕与刻的乐趣"、第五课"浮雕"和第十一课"奥运精神"构建了一个层层递进的泥塑学习单元。学生已通过"彩泥世界快乐多""陶泥的世界"等课程对泥塑的基本概念和技术有了初步了解，为本课程的学习打下了坚实的基础，然而，大部分学生对闽北挑幡的了解尚显不足，对其艺术特色、文化价值及背后深厚的文化内涵和制作工艺缺乏深入的认识。因此，本课程旨在引导学生更深入地了解和欣赏闽北挑幡，从而增强对本地非遗文化的认识和重视。

## 四、单元教学任务

### （一）单元课程结构（图4–4）

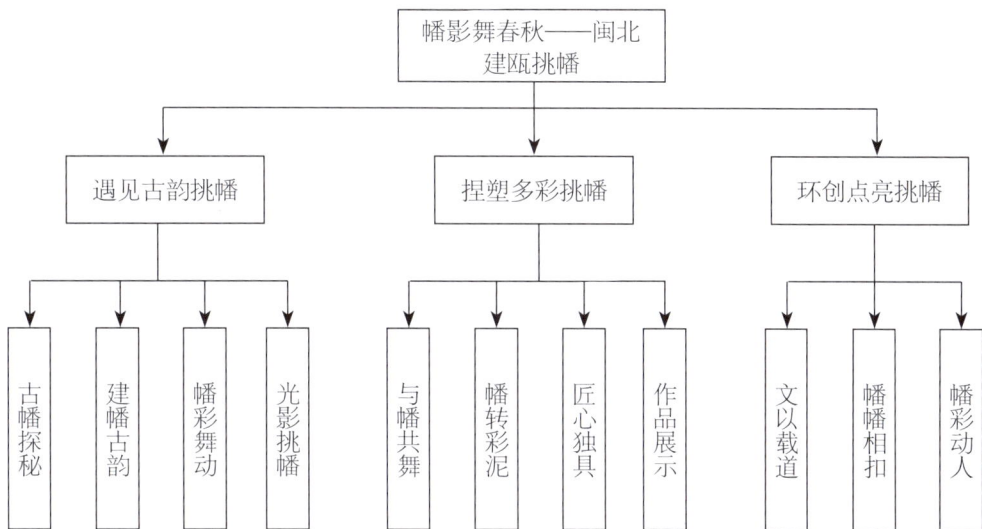

图 4–4 单元课程结构

### （二）单元结构设计（表4–1）

表 4–1　幡影舞春秋——闽北建瓯挑幡

| 第一课　遇见古韵挑幡 | |
| --- | --- |
| 学习任务 | 问题探究 |
| 1.学生自主寻访挑幡代表艺人，了解挑幡的工艺材料等。 | 1.挑幡的材料特点？<br>2.挑幡都有哪些工艺？<br>3.挑幡传承人有哪些传奇故事？ |

### 活动 1: 古幡探秘——课前准备

（1）网络搜集相关资料，做好寻访前的调查。

（2）以小组为单位，进行分工、摄影、拍照、记录、汇报和展示。

| 课前任务单 | |
| --- | --- |
| 活动小组 | 第（　　）小组 |
| 小组负责人 | |
| 小组成员分工 | |
| 拜访的艺人 | |
| 挑幡的材料特点 | |
| 挑幡的工艺 | |
| 传承人的故事 | |

| 学习任务 | 问题探究 |
| --- | --- |
| 2. 了解挑幡的起源、历史及象征意义。 | 4. 挑幡在古代与现代的意义有何不同？ |

### 活动 2：建幡古韵——了解挑幡的历史

观看微课视频，进行自主学习。

**微课视频二维码**

| 学习任务 | 问题探究 |
| --- | --- |
| 3. 了解挑幡的基本结构、材质、动作和色彩等。 | 5. 幡由几部分组成？<br>6. 幡的材料有什么特点？<br>7. 幡的色彩有什么变化？<br>8. 挑幡包含哪些动作？ |

| 活动3：幡彩舞动——了解挑幡的色彩及动作 |
| --- |

（1）了解非遗的概念，理解挑幡是非遗。

（2）赏析并了解幡的组成及色彩。

（3）赏析并了解挑幡的动作。

（4）用小游戏来巩固新知识。

牙咬北海塔　　　　脚踢西方柱　　　　肩扛南天钟　　　　手舞东风转

| 学习任务 | 问题探究 |
| --- | --- |
| 4. 开展非遗挑幡摄影展评活动，并运用信息技术制作一张活动海报。 | 9. 摄影作品之美如何体现？<br>10. 海报由哪几部分构成？ |

| 活动4：光影挑幡——制作一张挑幡摄影展的海报 |
| --- |

（1）运用信息技术中的投票秀小程序评选出最佳摄影作品。

（2）小组合作用自己拍摄的挑幡照片制作一张挑幡摄影展的海报。

| 第二课　捏塑多彩挑幡 |
| --- |

| 学习任务 | 问题探究 |
| --- | --- |
| 1. 复习挑幡的技艺美。注重融合艺术、工艺与物理力学知识。 | 1. 挑幡的动作都有哪些？<br>2. 人与幡的比例是多少？<br>3. 那么长的幡为何在传承人手中能直立不倒呢？ |

**活动 1：与幡共舞——了解幡不倒的原因**

解惑力学原理微课视频

| 任务单 | |
|---|---|
| 挑幡的动作有哪些？ | |
| 在舞动的过程中幡为什么不倒？ | |
| 泥塑创作挑幡的技法有哪些？ | |

| 学习任务 | 问题探究 |
|---|---|
| 2. 欣赏中外著名泥塑作品。了解圆雕与浮雕的区别。观看视频学习技法，确定创作方式。 | 4. 圆雕和浮雕有什么不同？我们如何从泥塑作品中辨认出来？<br>5. 挑幡可以用哪些形式创作？（剪纸、绘画、圆雕、浮雕等。）<br>6. 泥塑创作中运用了哪些技法？ |

**活动 2：幡转彩泥——通过观赏了解圆雕与浮雕的区别**

（1）欣赏中外泥塑作品。
（2）了解圆雕与浮雕的区别。
（3）请同学们尝试说说自己选用哪种形式创作，为什么？
（4）观看视频学习技法。

制作幡的微课视频

| 学习任务 | 问题探究 |
|---|---|
| 3. 现场展示作品并评述。 | 7. 小组作品所运用的色彩是如何基于既定的创作主体进行选择与搭配的，这样的色彩运用对于完整呈现作品并达成预期艺术效果起到了怎样关键的作用？<br>8. 作品中人物动态所运用的具体动作是如何与整体创作构思相契合的？ |

**活动 3：匠心独具——作品评述**

建州三小三年级
4班　张植恩

建州三小三年级
3班　白植路、林诗媛

建州三小三年级
1班　李垚、陈雨彤

| 学习任务 | 问题探究 |
|---|---|
| 4. 布置任务。 | 9. 了解什么是环创？<br>10. 上网查找环创图片时，如何根据自身的条件和需求，对图片中的创意和元素进行合理的借鉴与创新应用？ |

**活动 4：作品展示**

学生展示环创作品 PPT

**第三课　环创点亮挑幡**

| 学习任务 | 问题探究 |
|---|---|
| 1. 了解环创，解析材料的外形和特性。 | 1. 生活中有不少物品以及废弃物品，它们各自具备怎样的特性，使得它们能够被选作以挑幡为主题的环创材料呢？ |

| 活动1：文以载道——根据外形设计 |
| --- |

（1）了解什么是环创。欣赏优秀的环创作品。

（2）请学生说说，根据不同材料的外形和特性可以用在环创挑幡的部分。

（3）请学生说一说利用废弃材料体现什么理念。

| 学习任务 | 问题探究 |
| --- | --- |
| 2. 探究环创挑幡的构成形式和色彩搭配。 | 2. 环创挑幡的构成形式有哪些？<br>3. 说一说你想用哪种构成形式进行创作？<br>4. 选用哪几种色彩？为什么？ |

| 活动2：幡幡相扣——学习构成及色彩 |
| --- |

（1）分析各种优秀的环创作品，说一说它们的构成形式。

（2）分析环创作品的色彩搭配。

| 学习任务 | 问题探究 |
| --- | --- |
| 3. 小组分工合作，结合挑幡的基本特征及动作进行画面拼接，并且现场展示作品并评述。 | 5. 作品中如何体现主次关系？<br>6. 作品与背景色彩的搭配要注意什么？ |

| 活动3：幡彩动人——小组合作 |
| --- |

（1）小组分工合作进行画面拼接。

（2）调整画面的主次关系和色彩搭配。

建州三小学生作品

## 五、单元评价设计指南（表 4-2）

表 4-2　单元评价设计指南

| 评价内容 | | 1 | 2 | 3 | 评　语 |
|---|---|---|---|---|---|
| 审美感知 | 能够简单描述建瓯挑幡的艺术特点（1 颗星）和文化内涵（1 颗星）。 | | | | |
| | 能够识别并描述建瓯挑幡的基本动作（1 颗星）、挑幡的结构（1 颗星）和挑幡的色彩（1 颗星）。 | | | | |
| 艺术表现 | 说出在捏塑创作时所采用的形式（1 颗星）、创作时的构思（1 颗星），以及人物动态运用了什么动作（1 颗星）。 | | | | |
| 创意实践 | 在创作中能否完整地把幡展现出来（1 颗星），捏塑建瓯挑幡时配色的独特性（1 颗星）。 | | | | |
| | 能够融入不同美术元素创作一件以建瓯挑幡为主题的泥塑艺术作品（3 颗星）。 | | | | |
| 文化理解 | 在参与综合探索活动中，能主动学习、交流合作（1 颗星），能探究理解挑幡的艺术价值（1 颗星），能感悟工匠精神（1 颗星）。 | | | | |

## 六、专家点评

### （一）立足本土，弘扬非遗

关注家乡的文化和生活，谢老师巧妙地融入挑幡的非遗元素，丰富和升华了浮雕设计单元的课程内涵。文化是个人精神世界的根和魂，对于家乡文化与生活的感知和体验，是孩子成长过程中的"人文情怀"的重要滋养。本课设计中，紧抓挑幡元素，激发学生的学习热情，用力量美、动作美、色彩美、结构美等突出挑幡的美术学科特性。通过课程层层推进，作业的呈现也由平面的摄影海报到具有立体效果的浮雕，到最后融入具有文创意味的环创设计与制作。引导学生理解"中华优秀传统文化得到创造性转化和创新性发展"，增强文化自信，涵养家国情怀。本课程具有浓郁的美术学科特质，具有鲜明的本土文化特征。

## （二）由易而难，多层推进

谢老师在单元中引导学生选择和运用常见的创作手段对建瓯挑幡进行美的再创造，在激发学生创作热情的同时，也多层推进学生对美的感受和创造。比如，首先，通过镜头呈现挑幡的力量美、色彩美和动作美，让每一帧定格的摄影作品诉说着孩子眼中的挑幡。所见才有所思，这为接下来的浮雕创作埋下了伏笔。其次，通过彩泥浮雕的方式进行创作，使作品具有立体的效果，为下面的环创设计与制作奠定了基础。最后，以综合性的环创方式呈现出来，让创作和生活紧紧地融为一体。由易而难，由简而繁地多层推进，帮助学生在知识与技能的运用过程中，有效地转化为能力和素养，从而有效地让美术核心素养落地。

## （三）多元评价，有效反馈

谢老师的大单元教学采用多元化的评价方式，立足于新课程标准，关注学生的学习态度、过程和结果。通过预习单、学习任务单、作业单等，及时有效地反馈学生的学习情况，学习的每个环节都有评价。

（南平市教育科学研究院综合学科研究室副主任　杨庆柳）

闽中地区，山海相依，人文荟萃，孕育了丰富多彩的非物质文化遗产。这里既有古老的闽越文化底蕴，又有独特的侨乡文化与海洋文化交融的特色。在这片土地上，非遗项目如璀璨星辰，闪耀着历史的光芒。闽中地区的非遗文化源远流长，如被誉为"南戏活化石"的莆田九鲤灯舞，鱼灯灿烂，舞蹈热烈，美轮美奂；绵延古今的莆仙梆鼓咚，堪称乡土音乐的瑰宝；而莆田的木雕技艺，以其精湛的刀工和生动的造型，传承了千年匠心。此外，闽中地区的民俗文化同样丰富多彩，如闽剧、莆仙戏等，以其独特的唱腔和表演形式，展现了闽中人民的生活情趣与艺术智慧。

闽中地区的人文地理特点赋予了非遗文化独特的魅力。这里既有闽江流域的滋养，又有沿海平原的富饶，山海之间的交流与融合，孕育了多元而包容的文化生态。在美育的视角下，这些非遗项目不仅是技艺的传承，更是精神的寄托，它们如同闽中的山水，滋养着一代又一代人的心灵，让闽中的文化之美在新时代绽放出更加绚烂的光彩。

莆田学院工艺美术学院院长、教授 詹伟锋

# 闽中篇

# 舞动九鲤鱼灯，畅想非遗传承——莆田九鲤灯舞

莆田擢英中学　陈茜
指导教师：莆田九鲤灯舞传承人　陈文世

## 一、非遗之窗——莆田九鲤灯舞

### （一）导入语

福建莆田自古以来就有"文献名邦"之称，这一美誉不仅彰显了莆田在文化教育方面的深厚底蕴，也体现出其独特的民风民俗。夜幕低垂，灯火阑珊，9 条栩栩如生的水族精灵在龙珠的引导下翩跹起舞，它们或嬉游或觅珠或跃龙门，场面壮观，寓意深远，这就是莆田九鲤灯舞（图 5-1）。它源自唐代、盛于明清，延续至今已有千余年历史，其道具独具特色，制作精良，表演形式全国少见，被誉为"南戏活化石"。2008 年 6 月，莆田九鲤灯舞经国务院批准被列入第二批国家级非物质文化遗产名录。鱼灯灿烂，舞蹈热烈，每一盏鱼灯都闪烁着一种追求，每一个动作都在抒发一种生活的姿态。这美轮美奂的场景，表达着劳动人民对真善美的赞美和对美好生活的向往。图 5-2 为莆田九鲤灯舞传承人陈文世。

图 5-1　莆田九鲤灯舞

图 5-2　莆田九鲤灯舞传承人陈文世

## （二）九鲤灯舞之美（图 5-3）

图 5-3　九鲤灯舞之美

## 二、课程标准研读

本单元课程基于《义务教育艺术课程标准（2022 年版）》第三学段（6～7 年级）美术学科目标，主要包括：①能运用造型元素、形式原理和欣赏方法，欣赏、评述世界不同国家和地区的美术作品，领略世界美术的多样性和差异性，养成尊重、理解和包容的态度；②能运用传统与现代的工具、材料和媒介，以及习得的美术知识、技能和思维方式，创作平面、立体或动态等表现形式的美术作品，提升创意表达能力；③能利用不同的工具和材料，制作或创作工艺品，体会传统工艺"守正创新"的内涵与意义。单元内容主要涵盖"欣赏·评述""造型·表现""设计·应用""综合·探索"4 类艺术实践，共 4 课时。

# 三、单元教学目标

## （一）课程目标

基于课程标准，本单元的教学目标如下：

1. 学生能够了解莆田九鲤灯舞的艺术特点、人文内涵、制作技艺以及基本的舞蹈方式。

2. 学生能够通过实地考察、调查分析、对比交流、小组合作、实践探究等学习形式，学会赏析九鲤灯舞的艺术特色，并运用传统九鲤灯舞的材料与制作技艺创作富有特色的鱼灯作品。

3. 学生能够理解莆田九鲤灯舞所传递的人文精神，体会其"守正创新"的内涵与意义。

## （二）核心素养目标

1. 审美感知：对九鲤鱼灯的造型、色彩、材质、寓意以及独特的舞蹈仪式等，进行鉴赏和分析。

2. 艺术表现：在保留传统九鲤灯舞制作工艺和基本舞蹈程式的基础上，进行创意表现。

3. 创意实践：综合运用多学科知识，围绕莆田九鲤灯舞开展创意实践活动。

4. 文化理解：理解九鲤灯舞背后所传递的人文精神，体会"守正创新"的内涵，逐渐认识继承与发展文化遗产是我们的责任。

## （三）学段学情特点

本单元课程是根据湘教版《美术》七年级下册教材"灯饰设计与制作"内容设计，是在依据课标、巧用教材基础上拓展的非遗课程。初中阶段的学生知识积累、语言表达、理解能力均比小学阶段有所提升，动手设计制作传统工艺品的热情很高。学生在七年级上学期学习了"喜庆吉祥的民间美术"，了解了民间美术的基本种类和基本特征等。但是他们对于国家级非遗莆田九鲤灯舞的了解却不多，对其艺术特色、制作工艺、表演形式以及背后所蕴含的人文精神缺乏深入的认识。因此，本课程旨在引导学生通过赏鱼灯、做鱼灯、舞鱼灯和创鱼灯等环节深入了解和赏析鱼灯的同时，感受其深厚的文化内涵，从而理解传统工艺"守正创新"的内涵与意义。

## 四、单元教学任务

### （一）单元课程结构（图 5-4）

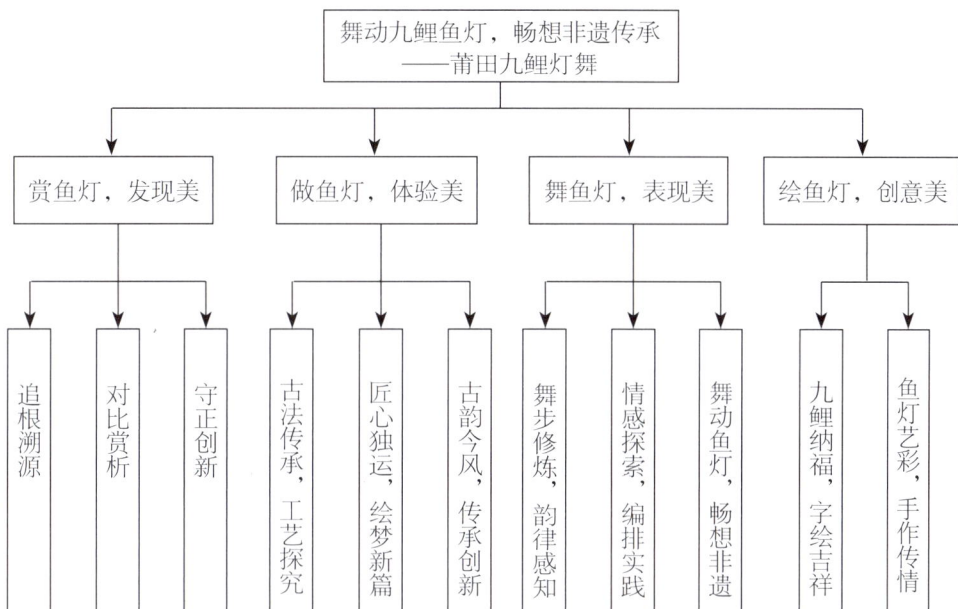

图 5-4　单元课程结构

### （二）单元结构设计（表 5-1）

表 5-1　舞动九鲤鱼灯，畅想非遗传承——莆田九鲤灯舞

| 第一课　赏鱼灯，发现美 | |
|---|---|
| 学习任务 | 问题探究 |
| 1. 各小组通过 PPT 展示分享课前收集与整理的莆田九鲤灯舞的相关资料。 | 1. 什么是莆田九鲤灯舞？<br>2. 它的历史渊源、艺术特点、制作方式以及文化价值是什么？ |

**活动1：追根溯源——九鲤灯舞的前世今生**

（1）赏析莆田九鲤灯舞。

蛟龙灯

鳌鱼灯

鳜鱼灯

鲈鱼灯

鲴鱼灯

鲤鱼灯

鲫鱼灯

花鱼灯

金鱼灯

莆田九鲤鱼灯

（2）各小组分别上台以PPT的形式展示课前收集与整理的资料。（从九鲤灯舞的历史渊源、艺术特点、制作方式以及文化价值等方面了解九鲤灯舞的基本知识）

学生上台展示

（3）小组讨论，选出最佳宣讲PPT。

| 学习任务 | 问题探究 |
|---|---|
| 2. 了解莆田九鲤鱼灯的基本艺术特征，包括造型、色彩、材质等。凝练九鲤鱼灯的造型美与色彩美。 | 3. 莆田九鲤灯与其他地域的鱼灯在造型、色彩、材质、尺寸、图案、表演形式等方面有什么不同？ |

### 活动 2：对比赏析——九鲤灯舞的独特之处

各小组结合课前收集的资料进行讨论，完成学习任务单。

学习任务单

| 学习任务 | 问题探究 |
|---|---|
| 3. 理解莆田九鲤灯舞"守正创新"的内涵。 | 4. 在守正创新的基础上，应该如何传承与发展莆田九鲤灯舞？ |

### 活动 3：守正创新——九鲤灯舞的人文内涵

小组合作探讨，口头或书面表述对"守正创新"的内涵与意义的感受与理解。

### 第二课　做鱼灯，体验美

| 学习任务 | 问题探究 |
|---|---|
| 1. 分析传统鱼灯需要传承保留的基本特征，分小组思考如何进行创新。 | 1. 为什么是 9 盏不同造型的鱼灯？有什么特定的文化内涵？<br>2. 如何创造性地体现鱼灯的造型美、色彩美？ |

续表

## 活动1：古法传承，工艺探究

（1）各小组分别选一盏鱼灯（共9组）现场进行细致观察：看一看鱼灯的外形，摸一摸鱼灯的材质，量一量鱼灯骨架的比例与尺寸。

（2）观看九鲤鱼灯的制作视频，完成学习任务单。

学习任务单

| 学习任务 | 问题探究 |
| --- | --- |
| 2. 各小组根据鱼灯创新设计要求，进行草图绘制。（包括：造型、尺寸、色彩、纹样等） | 3. 如何制作尺寸大小合适、造型美观、色彩鲜艳，且既具有传统特色又符合当代审美的新九鲤鱼灯？ |

## 活动2：匠心独运，绘梦新篇

小组分工绘制设计图（尺寸数据骨架图、色彩效果图）。

学生绘制效果图

| 学习任务 | 问题探究 |
|---|---|
| 3. 根据草图设计，制作鱼灯，体验其技艺之美。 | 4. 如何把竹篾扎成鱼的形状？<br>5. 鱼灯制作的步骤是什么？ |

### 活动3：古韵今风，传承创新

创新实践：体验鱼灯制作，运用扎、捆、绑等手法制作骨架，缝、贴进行绷布，彩绘纹样等。

学生制作鱼灯

### 第三课　舞鱼灯，表现美

| 学习任务 | 问题探究 |
|---|---|
| 1. 仔细观察游鱼的姿态动作，深入思考其游动的规律与特点，进而模仿游鱼的动作表现。<br>2. 欣赏九鲤灯舞表演，分析其动作要点。 | 1. 如何更生动地舞动九鲤鱼灯？<br>2. 传统九鲤灯舞为什么要弯腰、屈膝？ |

### 活动1：舞步修炼，韵律感知

（1）带领学生观察大自然中鱼儿游动的姿态和动作，感受其动作之美。

（2）观看九鲤灯舞的视频，模仿和练习基本舞步，体验它的趣味性，感受民间质朴的劳动美。

学生观察游鱼动态

学生练习基本舞步

续表

| 学习任务 | 问题探究 |
|---|---|
| 3.学习莆田九鲤灯舞的舞蹈程式，体会其所蕴含的人文美。 | 3.莆田九鲤灯舞的主要舞蹈程式有哪些?<br>4.各个程式背后所蕴含的人文精神是什么? |

### 活动2：情感探索，编排实践

（1）通过传承人介绍，了解嬉游、觅珠、围珠、抢珠和跳龙门等舞蹈程式所代表的含义。

（2）各小组模仿各种组合动作，感受这些动作所表达的文化内涵。

| 学习任务 | 问题探究 |
|---|---|
| 4.创编舞蹈，以灵动的舞步绽放青少年无限活力，感受九鲤灯舞独特的仪式美。 | 5.如何通过舞蹈表现传统非遗仪式美的同时，展现当代青少年的活力? |

### 活动3：舞动鱼灯，畅想非遗

（1）结合当代青少年的特点，重新设计和创编舞蹈动作，使整个舞蹈既保留九鲤灯舞的传统韵味，又充满当代青少年的活力与激情。

（2）身着精美的服饰，手持璀璨的鱼灯，结合莆田元宵游灯传统音乐，进行鱼灯舞表演。感受九鲤灯舞的独特魅力，展现当代青少年的无限活力。

九鲤灯舞表演

九鲤灯舞表演视频

### 第四课　绘鱼灯，创意美

| 学习任务 | 问题探究 |
|---|---|
| 1.根据九鲤灯舞的文化内涵，进行文创字体设计。 | 1.如何给9条不同的鱼灯设计富有吉祥寓意的四字成语?<br>2.如何将所要传递的文化内涵与字体设计相结合? |

| 活动1：九鲤纳福，字绘吉祥 |
| --- |

（1）成语接龙，吉祥话大比拼。
（2）字体设计：结合莆田本土特色与不同鱼灯的特点进行创意字体设计。
（3）非遗主题画创作。

学生作品

| 学习任务 | 问题探究 |
| --- | --- |
| 2.运用身边的材料，设计并制作莆田九鲤鱼灯文创产品。 | 3.在生活中，哪些物品可以作为载体用来宣传莆田九鲤灯舞？<br>4.我们身边有哪些材料可以用来制作鱼灯作品？<br>5.如何将莆田九鲤鱼灯（金鱼灯）的特色元素设计到作品中？ |

| 活动2：鱼灯艺彩，手作传情 |
| --- |

（1）文创产品制作。（如冰箱贴、挂扣、扇子等）
（2）探究活动：运用身边的材料制作简单的鱼灯。（定位可爱的金鱼灯）

学生文创作品

## 五、单元评价设计指南（表5-2）

表5-2　单元评价设计指南

| 评价内容 | | 1 | 2 | 3 | 4 | 5 | 评　语 |
|---|---|---|---|---|---|---|---|
| 审美感知 | 能够欣赏和分析莆田九鲤灯舞的基本特征，包括造型、色彩和寓意。 | | | | | | |
| | 能够通过舞动鱼灯，感受传统劳动人民用质朴的表达方式表达着对真善美的赞美和对美好生活的向往。 | | | | | | |
| 艺术表现 | 能够通过小组合作制作一盏完整的鱼灯。 | | | | | | |
| | 能够以莆田九鲤灯舞为主题，创作至少3件富有创意的平面、立体和动态的美术作品。（如绘画、雕塑、摄影、定格动画、微电影等） | | | | | | |
| 创意实践 | 在创作中能够展现自己独特的创意，例如通过设计鱼灯纹样和文创字体来表达自己独特的想法。 | | | | | | |
| | 能运用剪、刻、折、叠、卷曲、捏塑、磨制等方法，制作2~3件工艺品（如剪纸、编织、刺绣、印染、陶艺等）。 | | | | | | |
| 文化理解 | 能够通过口头或书面作品，表达对"守正创新"的内涵与意义的感受和理解。 | | | | | | |
| | 能够运用跨学科的方法，多角度、辩证地分析问题，并具备一定的综合探索和学习迁移的能力。 | | | | | | |

## 六、专家点评

陈茜老师的"舞动九鲤鱼灯，畅想非遗传承——莆田九鲤灯舞"大单元案例设计，巧妙地依据湘教版七年级下册教材中"灯饰设计与制作"的内容进行深度拓展与创意融合。本案例围绕"继承与创新是传统工艺创作的重要原则"这一大概念进行构建，通过精心策划的基本问题和一系列逻辑清晰的问题串，有效贯穿整个教学单元的各个环节，聚焦于核心素养的培育，采用多元的评价方式，让学生深入接触和领悟传统文化魅力，落实了文化理解这一重要目标。

### （一）契合新课标理念，推动学生全面发展

本案例通过让学生亲身参与九鲤鱼灯及文创产品制作和舞蹈表演，全面锻炼学生的动手能力、艺术鉴赏力及团队协作能力，同时激发非遗文化传承意识。这种以实践为基础、以情感为纽带的教学方式，正是新课标所倡导的，为学生艺术素养的提升提供了有效途径。

### （二）跨学科融合，构建多元知识体系

该设计出色地实现了跨学科融合。将舞蹈与地方文化、历史等知识相结合，使学生在探究九鲤鱼灯的历史渊源时，能够深入了解中国传统文化的精髓；在制作九鲤鱼灯和编排舞蹈时，能够锻炼艺术创造力和动手能力；在舞蹈表演中，会涉及物理学科的知识，比如道具的平衡等，同时能够体验到团队合作和舞蹈运动的乐趣。这种跨学科整合的教学方式，有助于打破学科壁垒，培养学生综合运用知识的能力，让非遗传承更具深度和广度，促进学生的全面发展。

### （三）评价方式创新，关注学生个体差异

本案例在评价方式上大胆创新，一方面，注重过程性评价，学生在舞动九鲤鱼灯的实践过程中，其参与度、努力程度、对舞蹈动作和文化内涵的理解与表现都可作为评价指标，能及时反馈学生的学习情况，促进学生改进。另一方面，也有多元化的评价主体，教师评价、学生自评与互评相结合，使评价更加全面客观，有助于促进学生个性化发展。这种课堂评价方式有利于激发学生的学习兴趣和积极性，保

证教学质量，推动非遗传承教学的有效开展。建议搭建多元、现代的学生作品展示平台，支持九鲤鱼灯制作成果、舞蹈视频和文创产品等上传，实现作品的分类展示与评论互动功能，便于学生、教师及家长浏览点评，促进交流学习，更好地激发学生的创作热情与创新能力。

（莆田市教师进修学院美术教研员、高级教师　刘启扬）

# 梆鼓响，俚歌唱——莆仙梆鼓咚

莆田市城厢区南门中特小学　陈静

指导教师：莆田学院音乐学院副教授、梆鼓咚第五代非遗传承人　黄璟

## 一、非遗之窗——莆仙梆鼓咚

### （一）导入语

　　梆鼓咚，又称"盲技""咚鼓""俚歌"，源于宋代南戏的莆仙独特曲艺，盛于清，已有千年历史。在历史的长河中，每逢朝代更迭、社会动荡之际，莆仙梆鼓咚便成为流浪艺人谋生的手段。然而，随着时代的演进，这一民间曲艺形式逐渐淡出公众的视野。直至 2007 年，"俚歌""梆鼓"被莆田市人民政府公布为市首批非物质文化遗产；2015 年，莆仙梆鼓咚被列为福建八大濒危曲种之一；2017 年，它又被认定为福建省第五批省级非物质文化遗产代表性项目。

　　莆仙梆鼓咚的表演要求表演者手持梆鼓和竹板进行伴奏，同时采用当地方言——莆仙方言进行演唱。其唱词通常为多段体的叙事诗，其表演形式不仅限于舞台上的展示，它还深深植根于当地人民的日常生活中，成为连接过去与现在、传统与现代的桥梁。图 5-5 为梆鼓咚演出道具，图 5-6 为梆鼓咚的第四代传人黄文栋。

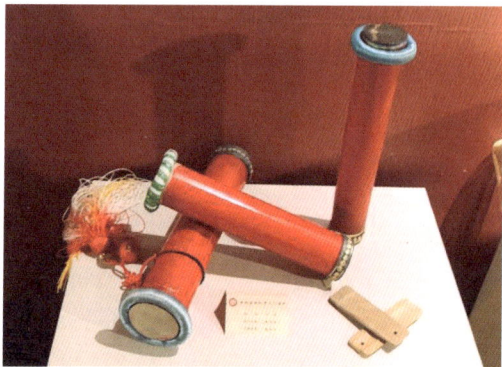

图 5-5　梆鼓咚演出道具

图 5-6　梆鼓咚的第四代传人黄文栋

### （二）梆鼓咚之美（图 5-7）

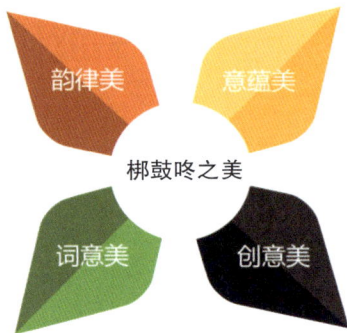

图 5-7 梆鼓咚之美

## 二、课程标准研读

本单元课程基于《义务教育艺术课程标准（2022 年版）》第二学段（3~5 年级）音乐学科学习任务，主要包括：①学唱富有中华优秀传统文化特色的民歌、戏曲唱段，在独唱与合作演唱实践中，学习歌唱的基本方法。②欣赏舞蹈、戏剧、戏曲等艺术作品，观察其表演动作，领会其表现特点，并进行一定的模仿。③了解所观赏舞蹈、戏剧、戏曲的表现形式、动作特点等，能表达自己的观演感受，有兴趣进行模仿或表演。④能通过声势、动作、人声、乐器，按一定要求，有目的地编创和表现短小的节奏或旋律。单元内容主要涵盖"欣赏""表现""创造""联系"4 类艺术实践，共 3 课时。

## 三、单元教学目标

### （一）课程目标

基于课程标准，本单元的教学目标如下：

1. 学生能够了解梆鼓咚产生的历史背景及文化内涵、演唱的艺术特点、演奏道具的制作工艺与材料等。

2. 学生能够演唱一至两首梆鼓咚曲目，学习基本敲击方式及基本节奏型；学会欣赏分析梆鼓咚的艺术特色，并尝试仿制一件梆鼓咚演奏道具。

3. 学生能够理解梆鼓咚曲艺所传递的莆仙人民苦中作乐、勤劳勇敢的地方文化精神。

### （二）核心素养目标

1. 审美感知：通过聆听感受梆鼓咚曲艺的风格意蕴，体会其韵律美、词意美、创意美，丰富审美体验。

2. 艺术表现：通过演唱演奏，掌握梆鼓咚曲艺的表现技能。

3. 创意实践：综合运用多学科知识，紧密联系现实生活，生成独特想法并转化为艺术成果。

4. 文化理解：理解梆鼓咚艺术所反映的文化内涵，形成正确的民族观、文化观，增强地方文化自信。

### （三）学段学情特点

本单元课程系根据人音版《音乐》五年级下册教材"京韵"内容设计，是在活用教材、巧用教材的基础上拓展的非遗课程。原课程包含以下内容：①京剧《沙家浜》选段《要学那泰山顶上一青松》；②演奏锣鼓经；③演唱京歌《我是中国人》；④学一段地方戏曲唱给全班同学听；⑤欣赏笛子与乐队《京调》。围绕本课内容中的"学一段地方戏曲并唱给全班同学听"拓展本单元的学习内容。鉴于学生已通过本单元学习对戏曲有了初步了解，为本课程的学习打下了一定的基础，不过，梆鼓咚曲艺与京剧存在较大差距，其艺术特色、文化价值及背后的文化内涵都有所不同，学生对梆鼓的制作工艺更是缺乏认识。因此，本课程旨在引导学生更深入地了解和欣赏莆仙梆鼓咚，从而增强对本地非遗文化的了解和喜爱。

# 四、单元教学任务

## （一）单元课程结构（图 5-8）

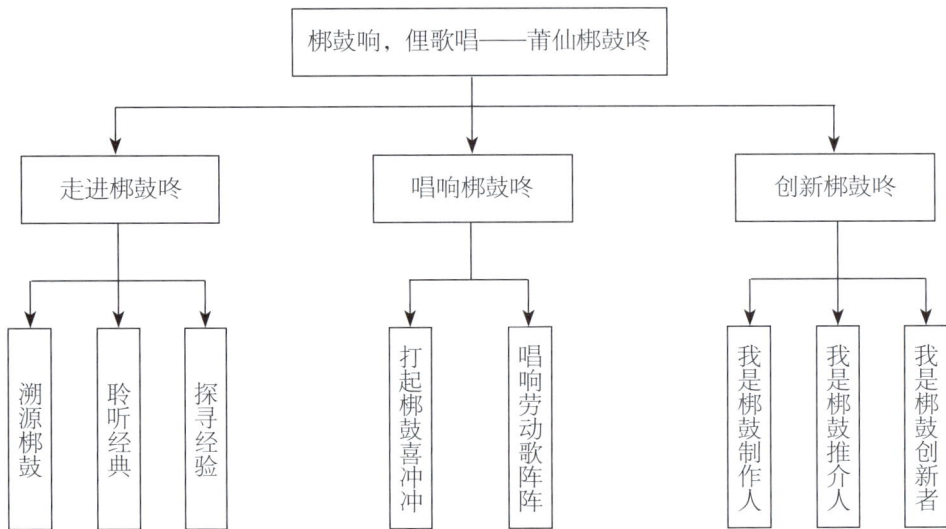

图 5-8　单元课程结构

## （二）单元结构设计（表 5-3）

表 5-3　梆鼓响，俚歌唱——莆仙梆鼓咚

| 第一课　走进梆鼓咚 | |
| --- | --- |
| 学习任务 | 问题探究 |
| 1. 了解非遗的概念及梆鼓咚曲艺的历史传承。<br>2. 交流课前调查任务单。 | 1. 梆鼓咚曲艺的由来是什么？与它相关的历史典故有哪些？<br>2. 梆鼓咚曲艺有什么作用和艺术价值？ |

## 活动1：溯源梆鼓

（1）学生在课前通过网络搜集相关资料并进行整理，完成课前调查任务单，课上交流、反馈。

（2）了解非遗的概念，理解梆鼓咚曲艺是非遗音乐文化。

（3）介绍梆鼓咚曲艺的由来。

《莆仙梆鼓咚》课前调查任务单

记录人：_____ 记录时间：_____ 记录地点：_____

| 学习小组： | | 组长： | |
|---|---|---|---|
| 分工内容 | | | |
| 探究梆鼓咚的由来 | 梆鼓由来的故事 | 关联的人物、地点 | 探究方式（网络查找、实地考察、寻访老艺人）其他：_____ |
| 探究梆鼓的外形特征 | 各部分的组成 | 使用的材料 | 用贴画或绘画的形式展示梆鼓的外形特征 |
| | 哪一年被评为哪级非物质文化遗产 | | 传承人 |

课前调查任务单

| 学习任务 | 问题探究 |
|---|---|
| 3.聆听经典曲目，感受梆鼓咚曲艺的意蕴美。 | 3.梆鼓咚曲艺的经典曲目有哪些？<br>4.梆鼓咚曲艺美在哪里？ |

## 活动2：聆听经典

（1）聆听梆鼓咚经典唱段《乞丐诗》，感受梆鼓咚艺术的魅力及价值。

（2）总结梆鼓咚曲艺的特点：唱词（方言）、演奏乐器（梆鼓）、曲调（依字行腔）。

学生演奏梆鼓咚　　　　　经典唱段《乞丐诗》

| 学习任务 | 问题探究 |
|---|---|
| 4 学习梆鼓的经典演奏技法及基本节奏型，感受其韵律美。 | 5. 梆鼓演奏的技法有哪些？<br>6. 演奏时基本的节奏型有哪些？ |

**活动 3：探寻经验**

（1）学习梆鼓的 4 种基本演奏技法。

"响鼓"
以食指或中指敲击鼓心，发出
响亮的咚咚声。

"边鼓"
以食指或中指敲击鼓边，发出
清脆的当当声。

"响鼓"

"边鼓"

"点鼓"
以食指和中指弹打鼓面，发出
嘟嘟声。

"闷鼓"
以中、食指压打鼓面，发出
郁闷、低沉的扑扑声。

"点鼓"

"闷鼓"

（2）学习梆鼓敲击的基本节奏型。

梆鼓敲击的基本节奏型

续表

| 第二课　唱响梆鼓咚 | |
|---|---|
| 学习任务 | 问题探究 |
| 1.学唱梆鼓咚曲目《打起梆鼓喜冲冲》。 | 1.聆听梆鼓咚曲目，思考歌曲有哪些特点？（莆仙方言演唱、梆鼓咚伴奏）<br>2.演唱时有哪些难点？（速度、念白、情感、高音）<br>3.莆仙音调有什么特点？（依字行腔）<br>4.如何唱出梆鼓咚曲艺的韵味？ |

### 活动1：打起梆鼓喜冲冲

（1）通过模唱，体会旋律、节奏等音乐要素特点，感受作品中的地方音乐风格。

（2）读词时注意方言中的特殊音节（舌边轻音）。

（3）梆鼓咚鼓点练习。

（4）边演奏梆鼓咚边唱出地方韵味。

梆鼓咚鼓点练习

梆鼓咚曲谱

打起梆鼓喜冲冲（伴奏）

梆鼓演奏技法

（5）分角色扮演。

男生：老叔公（第一乐句）　　　女生：老婶婆（第二乐句）　　　合：（三四乐句）

续表

| 学习任务 | 问题探究 |
|---|---|
| 2. 学唱梆鼓咚曲目《劳动歌》。 | 5. 劳动号子多采用哪种演唱形式？（一领众和、齐唱）<br>6. 劳动号子展现了莆仙劳动人民的哪些优秀品质？ |

**活动2：唱响劳动歌阵阵**

（1）用撒网、捕鱼、分鱼虾等劳动实践方式学唱歌曲《劳动歌》。

（2）用一领众和的方式演唱歌曲的前两个乐句。

（3）了解劳动号子的作用及价值。

**劳动歌**（伴奏）

**第三课　创新梆鼓咚**

| 学习任务 | 问题探究 |
|---|---|
| 1. 了解梆鼓咚演出道具，包括材质、样式，并尝试制作梆鼓。 | 1. 传统梆鼓是用哪些材料制作的？<br>2. 对比传统梆鼓制作工艺，现代制作工艺有什么改良？<br>3. 不同材质的鼓面，音色有什么差别？ |

**活动 1：我是梆鼓制作人**

（1）对比观察传统梆鼓与现代梆鼓在材质上有什么差别。

（2）通过实践对比，感受不同材质鼓面的音色差别。

竹筒

pvc 水管

学生制作梆鼓
视频

青蛙皮

猪油皮

羊皮

| 学习任务 | 问题探究 |
| --- | --- |
| 2. 用音画结合、情境表演的方式推荐莆田地方非遗曲艺梆鼓咚。 | 4. 如何运用音画结合的方式介绍非遗音乐文化梆鼓咚？<br>5. 如何结合现代媒体传播或生活场景，体现梆鼓咚曲艺的作用? |

**活动 2：我是梆鼓咚推介人**

（1）介绍非遗曲艺梆鼓咚，描述主奏乐器的音色特征和演奏方式。

介绍非遗曲艺
梆鼓咚视频

介绍非遗曲艺梆鼓咚表演视频
《传承莆阳好家风》

（2）通过情境表演的方式展示梆鼓咚在当代的应用。

**活动 3：我是梆鼓咚创新者**

| 学习任务 | 问题探究 |
| --- | --- |
| 3. 结合依字行腔的曲调特征，开展个性化的创意设计。<br>4. 小组或个人展示创作作品。 | 同上 |

续表

（1）头脑风暴，依托已学作品曲调并根据生活实际创编歌词。
（2）借鉴案例，开展小组讨论交流活动，创作出传统风格的现代音乐作品，体会梆鼓咚曲艺的创意美。
（3）分小组展示创作曲目，其他小组评价并提出修改意见。
评选出最具创意奖、最佳合作奖、最佳表演奖。

## 五、单元评价设计指南（表5-4、表5-5）

表5-4　学生评价表

| 课时任务评价要点 | | 自评分（1~5） | 互评分（1~5） |
|---|---|---|---|
| 第一课时 | 能在课前搜集相关资料并进行整理，课上交流、反馈；<br>能从经典作品中总结出梆鼓咚曲艺的艺术特点；<br>学习梆鼓敲击的方式和基本节奏型。 | | |
| 第二课时 | 用自然、有韵味的声音演唱梆鼓咚曲目《打起梆鼓喜冲冲》《劳动歌》；<br>自信地演奏梆鼓咚鼓点，为歌曲伴奏。 | | |
| 第三课时 | 与同学合作，共同制作梆鼓；<br>能简单描述梆鼓制作的用料及工艺；<br>愿意主动积极地投入合作创编与表演；<br>能客观地评价他人的作品。 | | |

表5-5　教师评价表

| 单元任务评价要点 | | 教师评分（1~5） | 评语 |
|---|---|---|---|
| 审美感知 | 对梆鼓咚曲艺的音乐特征和表现形式具有初步的辨识和理解能力。 | | |
| | 在听赏中感受梆鼓咚曲艺的风格意蕴，体会其韵律美、词意美、创意美，丰富审美体验。 | | |
| 艺术表现 | 用自然、自信、有韵味的声音演唱梆鼓咚曲目。 | | |
| | 有感情地进行艺术表演，具有较强的艺术感染性和互动性。 | | |

| 创意实践 | 能创造性地演唱栳鼓咚曲目，依据依字行腔的曲调特点，紧密结合现实生活，生成独特想法并转化为艺术成果。 | | |
|---|---|---|---|
| | 能与同伴共同探究，合作完成班级展演，作品需具有一定的趣味性及生动性。 | | |
| 文化理解 | 能较准确地描述出栳鼓咚曲艺的风格特点、伴奏乐器及其作用和特点。 | | |
| | 能够通过观察和比较，简单描述栳鼓的用料及制作工艺。 | | |
| | 在参与综合探索活动中，能主动学习和探究，在交流、合作时，能尊重、理解他人的想法。 | | |

## 六、专家点评

陈静老师的"栳鼓响，俚歌唱——莆仙栳鼓咚"大单元教学设计，基于人音版《音乐》五年级下册教材"京韵"内容设计，围绕本课内容中的"学一段地方戏曲唱给全班同学听"拓展本单元的学习内容。其单元结构清晰，内容丰富，实践性强，将地方非遗音乐文化通过动口、动手和动脑的方式根植于学生心田。

### （一）聆听经典，探寻经验

陈老师通过组织学生观看栳鼓咚起源传说视频、聆听栳鼓咚经典唱段等方式，让学生在音画世界里认识栳鼓咚、了解栳鼓咚、掌握栳鼓咚演奏的典型节奏型，在充分的实践中感受和体会莆仙非遗音乐文化的魅力。

### （二）趣味引领，激发兴趣

在教学过程中，陈老师利用孩子们喜欢游戏的心理特征，运用了大量的游戏教学法，例如在《劳动歌》中创设孩子们模仿渔民卖鱼的场景来帮助孩子们记住歌词、熟悉歌曲的节奏。在旋律的记忆上，陈老师则运用渔民捕鱼的动作要领及渔船在海上的行进状态，引导孩子参与游戏体验活动，让他们感受旋律线条的起伏和进行规律，充分激发学生的学习兴趣。

### （三）学科融合，创意实践

在第三课活动 1 "我是梆鼓制作人"中，教师鼓励学生运用跨学科知识动手制作乐器，并思考不同材质的鼓面在演奏时音色会有什么差别，以此提升学生的动手动脑能力；在活动 3 "我是梆鼓创新者"中，学生们通过借鉴案例、小组分工合作，创作出属于自己的独特梆鼓咚音乐作品，体会梆鼓咚曲艺的创意美，鼓励学生在传承中创新家乡的音乐文化。

莆仙乡土音乐包罗万象、种类繁多，承载着一代又一代莆仙人的记忆，凝聚着这片古老大地老百姓世代的生活经验和智慧结晶。经过代代相传，这些音乐至今仍散发着极强的生命力和魅力。莆仙乡土音乐教育人正是秉承着传承乡土音乐文化、发扬乡土音乐文化的理念，努力推广莆仙乡土音乐进入学校课堂，并在摸索中逐渐形成了一套独特的教学经验和教学体系。课程激发着孩子们学习、传承莆仙乡土音乐的兴趣，让他们感受家乡传统艺术所蕴含的魅力。同时，也希望借由此单元案例，能与更多的音乐教师探讨乡土音乐课程实施的方法和策略，共同提升乡土音乐教学成效，真正做到非遗音乐的"经典咏流传"。

（莆田市教师进修学院音乐教研员、正高级教师　林季君）